新时代公安派出所工作丛书
总 主 编　熊一新
副总主编　杨玉海　王彩元

派出所纠纷调解工作手册

主编　李　植

中国人民公安大学出版社
·北　京·

图书在版编目（CIP）数据

派出所纠纷调解工作手册/李植主编. —北京：中国人民公安大学出版社，2023.1
（新时代公安派出所工作丛书/熊一新总主编）
ISBN 978-7-5653-4413-8

Ⅰ. ①派… Ⅱ. ①李… Ⅲ. ①派出所-民事纠纷-调解（诉讼法）-手册 Ⅳ. ①D631.41-62

中国版本图书馆 CIP 数据核字（2021）第 246214 号

派出所纠纷调解工作手册

主编 李 植

出版发行：中国人民公安大学出版社
地 址：北京市西城区木樨地南里
邮政编码：100038
经 销：新华书店
印 刷：北京市科星印刷有限责任公司

版 次：2023 年 1 月第 1 版
印 次：2023 年 1 月第 1 次
印 张：9.75
开 本：787 毫米×1092 毫米 1/16
字 数：189 千字

书 号：ISBN 978-7-5653-4413-8
定 价：48.00 元

网 址：www.cppsup.com.cn www.porclub.com.cn
电子邮箱：zbs@cppsup.com zbs@cppsu.edu.cn

营销中心电话：010-83903991
读者服务部电话（门市）：010-83903257
警官读者俱乐部电话（网购、邮购）：010-83901775
公安综合分社电话：010-83901870

总　序

习近平总书记在党的二十大报告中提出："推进国家安全体系和能力现代化，坚决维护国家安全和社会稳定""完善社会治理体系。健全共建共治共享的社会治理制度，提升社会治理效能"。党的二十大报告要求发展壮大群防群治力量，强化社会治安整体防控，夯实国家安全和社会稳定的基层基础，建设更高水平的平安中国。

公安派出所是县级公安机关直接领导的派出机构，是担负维护辖区稳定、守护一方平安、服务人民群众、推进社区治理职责的基层综合性战斗实体。公安派出所作为公安工作的根基，是国家安全体系和基层社会治理体系的重要组成部分。抓基层、打基础是公安工作的永恒课题，是推进国家安全体系和能力现代化、维护国家安全和社会稳定的固本之举。习近平总书记高度重视公安基层基础工作，他在全国公安工作会议上指出，要坚定不移走改革强警之路，要聚焦战斗力标准。立足实战化要求，"把机关做精，把警种做优，把基层做强，把基础做实""要树立大抓基层、大抓基础的导向，推动重心下移，警力下沉，保障下倾，增强基层实力、激发基层活力、提升基层战斗力"。《中共中央关于加强新时代公安工作的意见》提出实施改革强警战略，要牢固树立强基固本战略导向；强调"打造共建共治共享社会治安治理格局"，要"坚持和发展新时代'枫桥经验'，创建'枫桥式公安派出所'，完善基层社会治理机制，提升基层治理水平"。

为了深入贯彻落实习近平总书记关于新时代公安工作的一系列重要指示精神和《中共中央关于加强新时代公安工作的意见》，进一步推动公安工作改革，实现公安工作高质量发展，公安部党委自 2020 年以来连续三年就加强公安派出所工作发出公安部一号文件，要求从全局和战略高度，大力加强和改进公安派出所工作，紧紧围绕不断增强人民群众获得感、幸福感、安全感的总目标，牢牢把握对党忠诚、服务人民、执法公正、纪律严明的总要求，坚持把公安派出所工作置于基础性、先导性地位来抓，筑牢整个公安工作的根基。2020 年 1 月，公安部发布《公安部关于加强新时代公安派出所工作的意见》（公通字〔2020〕1号）。意见首先从性质定位、指导思想和主要目标三个方面阐述了加强新时代公安工作的重要意义和总体要求。其次，从维护辖区稳定、守护一方平安、服务人民群众、推进社区治理四个方面，明确新时代公安派出所的主要职责任务。最后，系统阐述了加强新时代公安派出所工作的路径：从坚持强所固本的改革导向、深化城乡社区警务战略、优化派出所警务机制三个方面，以改革的精神推动工作重心向公安派出所下移；以坚持发展新时代“枫桥经验”、多元化解矛盾纠纷、开展多种形式平安创建、做好新时代群众工作为重点，全面创建“枫桥式公安派出所”；以大力实施科技兴所、向派出所精准投放大数据资源、推动派出所基础工作形态转变、推进智能安防社区建设、推进服务提质增效为抓手，加强公安派出所警务智能化建设；以加强执法制度建设、规范执法办案机制、加强执法监督管理、强化民警执法保障为核心，加强公安派出所执法规范化建设；从加强经费保障和装备配备与基础设施建设、解决社区警务工作保障问题、扶持一批条件艰苦派出所三个方面，加强公安派出所警务保障标准化建设；以加强派出所党建工作、配齐配强派出所领导班子、提升派出所民警业务素质、规范派出所辅警管理、激发派出所队伍活力、坚持全面从严治警为重点，加强公安派出所队伍正规化建设；以加强派出所工作领导、规范派出所工作评价、落实松绑减负措施、落实加强派出所工作责任为保障，加强新时代公安派出所工作的组织领导。意见要求，通过三到五年不懈努力，推动派出所工作体制机制优化完善，实现警力配置优化，执法执勤规范，工作方式智能，警务保障有力，队伍建设过硬，符合新时代要求的派出所警务运行机制基本完善，与新型城乡社区治理相适应的新型社区警务机制基本健全，公安基层治理水平全面提升。

城乡社区警务是公安基层基础工作的基石。公安机关深入实施城乡社区警务战略，坚持贯彻党的群众路线，积极推进社区民警专职化，探索加强网格化管理服务，是面对新形势新任务，对党中央作出加强城乡社区治理和服务体系建设的重大决策部署，要求关口前移、重心下移、源头治理所作出的重大战略举措。城乡社区警务是落实党对公安工作方针政策、措施要求的“最后一公里”，也是公安机关维护稳定、服务群众的“最初一公里”。为履行好新时代公安机关捍卫政治安全、维护社会安定、保障人民安宁的使命任务，为进一步做好城乡社区警务工作，2021年1月，公安部发布了《公安部关于进一步做好城乡社区警务工作的意见》（公通字〔2021〕1号）。意见要求：必须紧紧依靠基层党组织，统筹各方资源力量，推动社区警务与社区治理深度融合；坚持以人为本，服务与管理相结合，促进人的全面发展，保持社区既充满活力又安定有序；明确社区民警负有管理实有人口、掌握社情民意、组织安全防范、维护社区秩序、服务辖区群众等五项职责任务；始终把防控风险隐患作为社区警务一项重要工作，树立底线思维，增强忧患意识，建立完善重大风险隐患预警机制，坚持把防控风险隐患的关口向社区前移；坚持科技支撑，人力与科技相统一，运用科技信息化手段，提升基础工作质效；坚持专群结合，充分发动群众、组织群众、依靠群众，建设人人有责、人人尽责、人人享有的社会治理共同体；坚持分类指导，从实际出发，加强统筹协调，针对地区、城乡差异采取与之相适应的警务模式和运行机制；努力实现基础牢、出事少、治安好、党和人民满意的派出所工作目标。

为进一步推进重心下移、关口前移，支持保障派出所更好地履行职责任务，提升公安机关整体战斗力，2022 年 1 月，公安部发布了《公安部关于建立健全警种部门支援派出所机制的意见》（公通字〔2022〕1 号）。建立健全警种部门支援派出所机制，是公安部党委的重要决策部署，是深化公安改革的重要内容，是公安机关加强机构人员职能整合、业务工作融合、机制流程衔接的重要措施。意见要求，各级公安机关要更加注重系统观念、法治思维、强基导向，统筹警种部门资源和力量，在警力、技术、装备、智力等方面为派出所提供“无条件、有时限”的支援。意见系统阐述了警种部门支援派出所工作的七项机制。一是充分认识建立健全警种部门支援派出所机制的重要性与必要性；二是坚持联系实际，建立健全符合基层一线实战要求，与派出所警务模式有效衔接的警务运行机制和值班备勤制度，坚持突出实效，加强通报调度和监督奖惩，落实警种部门支援责任，确保支援行动链条最短、形成闭环、落实见效，切实做到在派出所最需要的时候提供最有力的支援和保障，推动形成机关围着基层转的支援体系；三是以日常警情处置后台支援、扰乱公共秩序类警情处置支援、危害公共安全类警情处置支援、紧急求助类警情处置支援、人员失踪类警情处置支援为重点，加强对派出所警情处置工作的支援；四是以治安要素管控归口支援、矛盾纠纷化解支援、治安精准防控支援、治安乱点整治支援为核心，加强对派出所基础管控工作的支援；五是以办案技术手段支援、侦查办案能力培训、办案监管服务支援，以及派出所对处警工作中首接的办案负面清单刑事案件和疑难复杂案件向专业侦查警种移交为抓手，加强对派出所案件办理工作的支援；六是以优化内部服务、加强警情分流、加强警力保障、加强科技赋能、加强警务保障、加强权益保护六个方面为重点，加大对派出所工作的支持保障力度；七是以加强组织领导、压实工作责任、健全运行机制、狠抓措施落实为保障，确保支援派出所机制落地见效。意见要求，通过警种部门和基层派出所的共同努力，形成优化协同高效的警务运行模式，切实履行好新时代公安机关捍卫政治安全、维护社会安定、保障人民安宁的使命任务。

为贯彻落实部党委关于加强基层基础工作标准化的部署要求，更好地促进派出所履职尽责，夯实公安工作根基，提升基层治理水平，在近年连续三年发出三个一号文件的基础上，2022 年 7 月，公安部发布《公安部关于完善派出所警务运行机制　推进派出所工作标准化建设的意见》（公通字〔2022〕16 号）。意见紧紧围绕新时代公安机关职责使命，深刻把握新形势下公安基层基础工作的新内涵新特点，坚持分类指导、实战导向、预防警务，以深化派出所警务运行机制改革为动力，以推进派出所工作标准化建设为牵引，以加大科技信息化手段应用为支撑，全面加强派出所警务智能化、执法规范化、保障标准化、队伍正规化建设。意见要求：从规范派出所“两队一室”设置，明晰队室职责任务，健全两队互为协同、一室支撑两队的警务运行机制，以社区民警为牵动，打造包括辅警、警务助理和治保会、网格员、保安员等群防群治队伍以及各方面社会力量在内的社区警务团队等四个方面为核心，完善派出所“两队一室”警务运行机制；从建立基础信息采录清单、健全“一标三实”全量采集制度，加强治安要素重点管控机制，实施智能安防全域覆盖等三方面为突破口，推进派出所基层管控工作标准化；以明确派出所办案范围、提高派出所打击效能、全方位实施派出所执法监督为抓手，加强派出所案件办理工作规范化；以立足联系群众经常化、化解矛盾法治化、政务服务便利化为核心坚持发展新时代“枫桥经验”长效化；以推动出台《公安派出所条例》为契机，把派出所的性质地位、设置规范、职责权限、警力配备、警务保障和组织关系等法定化；以推进派出所警务智能化建设、加强派出所保障标准化建设、加强派出所队伍正规化建设为重点，全面加强派出所工作标准化保障建设；以加强组织领导、坚持条块结合、加强分类指导、把握正确导向等四个方面为保障，全面加强派出所工作标准化建设的组织实施。意见要求，按照精细化、规范化、信息化、法制化要求，大力加强派出所工作标准化建设，至 2025 年基本形成标准规范完备、运作机制顺畅、保障支持有力、监督考评科学的派出所工作新局面。

为深入学习贯彻党的二十大精神，深入贯彻落实习近平总书记在全国公安工作会议上的重要讲话精神和党中央关于加强新时代公安工作的意见精神，以及公安部党委关于加强新时代公安派出所工作的一系列文件的精神，深刻领悟“两个确立”的决定性意义，增强“四个意识”、坚定“四个自信”、做到“两个维护”，切实把全警思想和行动统一到党的二十大精神上来，深入推进国家安全体系和能力现代化，切实履行好新时代使命任务，切实落实严格规范公正文明执法要求，坚定不移推进公安改革，进一步推动公安机关和公安队伍革命化、正规化、专业化、职业化建设，提高派出所民警业务素质和能力水平，满足建设学习型公安队伍的需要，促进公安派出所的长远建设和公安工作的长远发展，人民公安出版社策划了由熊一新任总主编、杨玉海、王彩元任副总主编的《新时代公安派出所工作丛书》。

丛书对改革开放以来尤其是对进入中国特色社会主义新时代以来的公安派出所工作进行了全面系统的梳理和总结，并结合派出所工作实际进行了深入的研究和探讨。丛书理论与实践相结合，历史与现实相结合，国际与国内相结合，案例与论述相结合，突出系统性、科学性、针对性、规范性和实战性。它的出版将填补派出所工作领域此类丛书的空白，可以作为必备的工具书来装备基层所队。

《新时代公安派出所工作丛书》具有以下特点。

丛书适应新形势需要。一是将推进国家治理体系和治理能力现代化融入书中。二是将全国开展学习“枫桥经验”和公安机关开展创建“新时代枫桥派出所”的新内容写进书中。三是围绕公安中心工作，把公安部对派出所工作的新要求注入书中。四是把派出所在疫情防控工作中面临的新情况、新问题以及经验教训编入丛书，为今后派出所应对此类事件给出了参考。

丛书编写科学。一是编写队伍结构按照“三结合”的要求组织，即三分之一是公安院校的专家学者、三分之一是派出所工作的分管领导、三分之一是实战部门的业务骨干。二是编写方式以问题为导向，结合公安派出所工作实际，在大纲和书稿的编写中充分发挥业务部门和基层实战单位的作用。三是在编写过程中反复调研，反复论证，充分征求业务部门和派出所的意见和建议。

丛书针对性强，从所长、教导员（指导员）到办案民警的工作需求都有相关分册论述。同时根据派出所民警岗位经常要轮换的实际，使民警轮换到哪个岗位就可以学哪个分册。目前有十个分册陆续出版，包括《派出所长工作手册》（陈菊娟主编）、《派出所教导员工作手册》（陈菊娟主编）、《派出所综合指挥室业务手册》（田显俊主编）、《派出所接处警手册》（周俊主编）、《派出所治安案件办理手册》（李富声主编）、《派出所纠纷调解工作手册》（李植主编）、《派出所社区警务工作手册》（展万程主编）、《派出所户口管理工作手册》（肖海英主编）、《派出所公共关系工作手册》（张家忠主编）、《派出所综合内勤工作手册》（王树民主编）。

总之，丛书的出版对推进国家安全体系和能力现代化，完善基层社会治理体系，加强公安派出所规范化、标准化建设，提升派出所民警素质能力水平具有极强的现实意义和深远的历史意义。

丛书的编写在部局的指导和各地公安机关及院校的支持下，在出版社和总主编的精心组织下，在所有作者的辛勤付出下，历经困难，经过5年的努力最终结出了硕果。在前期调研时，通过对几百位派出所长的问卷，了解了派出所的需求和对丛书渴望；在大纲的编写过程中，各分册主编又深入基层搜集第一手资料；在专家的评审中，资深专家从各个角度进行了专业的论证，提出了许多改进的意见和建议；在为丛书召开的研讨会中，全国各地专家学者认真审议，为丛书的完善积极建言献策；在书稿的修改过程中，各位作者不辞辛苦，不断修改、反复查缺补漏。可以说丛书的出版是所有参与其中的同志们心血和智慧的结晶。在此衷心感谢在丛书编写出版工作中给予了大力指导、支持和帮助的公安机关领导，公安院校专家、学者，公安一线民警。特别要感谢本丛书专家委员会成员冯锁柱、张先福、王龙天、陈菊娟、曾伟、李志强、张勤等专家，他们在丛书的编写、审核、把关过程中给予了严格的专业性指导。

丛书是新中国成立以来反映派出所工作内容的第一套系列出版物，开了派出所工作内容系统化出版的先河。社会是发展的，派出所工作也会随着经济社会发展不断发展变化，而图书因其媒介的特质不可能与之保持同步，因此书中可能会存在内容滞后的问题。但是丛书所揭示的派出所工作的基本规律、基本特征和基本工作方法是不变的，从这个角度看，本套丛书为派出所工作图书今后的出版奠定了基础，在此基础上，丛书会与时俱进，将根据派出所工作的新情况、新问题、新要求进行不断的更新和提高，以适应未来各个时期派出所工作的需要。

本丛书在编写过程中，参考了有关教材、著作和文献资料，在此，向有关作者表示诚挚的谢意！丛书编写出版工程量大，编写人员学识、经验有限，所以一定会存在许多疏漏之处，敬请广大读者予以谅解，同时希望广大读者在阅读和使用丛书的过程中发现问题及时反馈，以便我们再版时及时修正。

总主编　熊一新

于2023年1月10日中国人民警察节

目 录

第一章　治安纠纷调解实务

第一节　治安纠纷调解优先

——解读《治安管理处罚法》第9条之“可以”

余某和童某本互为睦邻，近期，因宅基地相邻权发生了争议，双方在各自妻子的“鼓励”下竟拳脚相加，最后两败俱伤。报警后，处警民警依法将双方当事人传唤至派出所后，开展制作笔录、开具验伤单等相关取证工作。经验伤，双方均构成轻微伤。民警曹某综合各方因素，认定余某与童某的打架斗殴行为情节较轻。

针对本案该如何处理的问题，派出所民警给出两种截然不同的观点：

一种观点认为，《治安管理处罚法》第9条“对于因民间纠纷引起的打架斗殴或者损坏他人财物等违反治安管理行为，情节较轻的，公安机关可以调解处理”之规定中的“可以”，是任意性的规定，非强制性法律规定，公安机关可以自主决定是否适用，如何适用。余某和童某的打架斗殴行为因民间纠纷引起，虽情节较轻，但为了惩戒双方的违法行为，也为了对周围的邻居起到警示作用，应对余某和童某作出行政处罚。

另一种观点认为，“可以”虽然是任意性规定，非强制性法律规定，但余某和童某的打架斗殴行为因民间纠纷引起，且情节较轻，公安机关应本着化解百姓矛盾的宗旨，在双方自愿的前提下调解处理二人的打架斗殴行为，将纠纷从根源上予以解决，减少社会治安隐患。就算最终没有调解成功，至少应征求双方的调解意愿，给当事人一次甚至两次改正的机会。

两种观点之所以截然相反，是因为基层民警对“可以”的理解不同，那么孰对孰错？笔者认为，没有绝对，只是不同的人看问题的角度不同而已。

从合法性的角度看，第一种观点没有问题。毕竟“可以”是任意性规定，对上述当事人的打架斗殴行为进行行政处罚是符合法律规定的。即使当事人不服行政处罚对公安机关进行行政诉讼，其诉讼请求也得不到人民法院的支持，原因在于人民法院审理行政案件主要对行政行为是否合法进行审查。为了佐证上述观点，笔者查询了中国裁判文书网中大量的类似本文开头的行政类案例，尚无一例公安机关的行政处罚因没有调解而直接对当事人进行处罚而被人民法院确认违法或撤销，且裁判的说理均是“可以”而非强制性法律规定。

从合理性的角度看，第二种观点也没有问题。根据《行政诉讼法》相关规定，行政复议机关对被申请的具体行政行为审查，不仅审查其合法性，还审查其合理性。以本案为例，其本是百姓间日常生活琐事引发的治安案件，因当事人一时冲动引起，冷静后多数能认识到错误，不必直接给予行政处罚，否则就违反了行政法的合理性原则。如果当事人申请行政复议，要求复议机关审查该行政行为的合理性，那么公安机关作出的行政处罚就有被行政复议机关撤销或者确认违法的可能。当然，有一个问题必须指出，由于全国各地（除极个别地区外）的行政复议文书并没有公开，笔者无法以判例证实自己的观点。

综上所述，对于因民间纠纷引起的打架斗殴或者损坏他人财物等违反治安管理行为，情节较轻的，无论是作出行政处罚还是调解处理都是有法律依据的。虽然两种处理的方式看似冲突，但实际上相互并不排斥。

而在实务工作中，笔者认为，公安机关应本着减少社会矛盾、维护社会稳定和谐的宗旨，尽可能最大限度地对符合《治安管理处罚法》第9条规定的治安案件进行调解处理。如果当事人拒绝调解，或者调解不成功，公安机关应及时作出行政处罚。如此，便实现了“合法”与“合理”的兼容与统一，法理情的有机融合，统筹了法律效果与社会效果，避免直接行政处罚与民众的朴素情感发生较大偏离。简言之，治安纠纷调解优先。当然，“尽可能最大限度”仍是一个无法量化的词汇。因此，为了贯彻习近平总书记就坚持和发展“枫桥经验”作出的重要指示精神，笔者认为，公安机关应采取以下几方面的具体举措：

一、力争当事人接受调解

《公安机关办理行政案件程序规定》第180条规定，调解处理案件遵循自愿原则。可见，即使治安案件具备调解条件，如果没有双方当事人自愿的意思表示，也不可进入调解环节。在实务工作中，很多治安案件发生后，当事人会很快认识到自己的错误，主动要求公安机关调解处理，但也存在部分当事人并不知晓治安案件可以调解处理的规定，认为接受公安机关处罚才是必然。此外，还有一些当事人出于利益、颜面等因素考虑故意隐瞒调解意愿。因此，对不知治安案件能调解处理的当事人要及时告知其权利并征求他们的调解意见，对考虑各种因素不同意调解的当事人要尽量劝说，使其同意调解，力争做到绝大多数当事人自愿接受公安机关的调解处理。

二、告知不接受调解可能面临的后果

一些当事人在违法行为发生后想方设法争取调解处理的原因并非真正认识到自己的错误，而是担心被行政处罚将要面临的不利后果和不良影响。然而，在实务工作中发现，能将行政处罚后果认识全面的当事人其实并不占多数，不少人因社会及法律知识欠缺而认为行政处罚最坏的结果不过是限制自己最多 15 天的人身自由而已。事实上，行政处罚的直接结果的确是行政拘留、警告或罚款等不假，但其间接影响对当事人或许更为不利，如影响当事人当前或未来的职业前途，在某些特殊行业还将影响直系亲属的职业选择。因此，对于拒绝调解的当事人，办案民警应将行政处罚的不利后果作出明确告知（不过，这里需要说明的是，这里只是告知，不能威胁），以便当事人作出理性选择。当然，选择和决定权依然要留给当事人，否则“调”也将失去“解”的意义。

三、争取二次及以上调解

《公安机关办理行政案件程序规定》第 183 条规定，调解一般为一次。对一次调解不成，公安机关认为有必要或者当事人申请的，可以再次调解，并应当在第一次调解后的七个工作日内完成。该规定明确了治安纠纷的调解次数以两次为限，其目的是防止公安机关滥用调解权，对治安案件的处理久拖不决，影响执法效率，导致百姓不满，而并非次数本身。故笔者以为，执法者不能简单机械地仅对调解次数进行理解，而应在调解期限内进行两次及以上的调解。其原因在于一些当事人对于是否接受调解或对调解内容的协商是一个相对缓慢的过程，接受调解或履行协议内容往往需要多次工作才能完成。因此，公安机关为了尽可能地将符合条件的治安案件调解成功，可以争取两次及以上的调解。

四、调解作为行政处罚的前置程序

从立法的角度来看，无论是《治安管理处罚法》第 9 条，还是《公安机关办理行政案件程序规定》或《公安机关治安调解工作规范》都没有将调解作为对治安案件处罚的前置条件。但实务工作中，很多地方公安机关内部会有相应的规定，对于具备调解条件的治安案件，如果最终作出行政处罚的决定，应当具备调解失败的协议、说明或在笔录上注明调解失败的过程。类似规定无疑将调解作为了行政处罚的前置程序。对此，笔者十分赞成。因为这样的举措能最大限度地促使办案民警在作出处罚前去调解治安案件，以确保公安机关在调解工作中已作出了最大努力，未随意使用公权力。

在公安实务中，公安机关若能从上述几个方面作出努力，笔者相信，绝大多数符合调解条件的治安案件均可以调解处理，实现减少社会矛盾、促进社会更加和谐稳定的目的。当然，一定也会有极个别当事人一意孤行，此时，办案民警便没有进一步耗费精力的必要。也许，依法对这样的当事人进行行政处罚在此刻更能实现社会秩序稳定的目的。

第二节 "轻微伤"是殴打他人案可否调解的唯一标准吗

——解读《治安管理处罚法》第9条之"情节较轻"

杨某和顾某系多年邻居，关系和睦。某日，两人因争抢楼下停车位发生纠纷。先是杨某辱骂顾某，继而顾某殴打杨某。报警后，办案民警依法将顾某传唤至派出所，并进行笔录制作及开具验伤单等相关取证工作。当晚，杨、顾二人真诚悔过，相互道歉，主动请求办案民警调解处理。办案民警综合案件情节及杨某的伤势（轻微伤）等相关因素，展开调解工作。

笔者认为，办案民警对该案的调解处理不仅仅因为当事人的主观意愿，更重要的是其符合调解条件。《治安管理处罚法》第9条规定，对于因民间纠纷引起的打架斗殴或者损毁他人财物等违反治安管理行为，情节较轻的，公安机关可以调解处理。本案中，顾某的殴打他人行为因民间纠纷引起且情节较轻。在基层派出所实务工作中，打架斗殴行为是否由民间纠纷所引起本身并不难判断，然而"情节较轻"却并不容易认定。对此，《治安管理处罚法》《公安机关办理行政案件程序规定》及《公安机关治安调解工作规范》均未作出可以参照的具体规定。规定不明，办案民警在处理纠纷时就容易出现偏差，或直接将具备调解条件的违法行为予以行政处罚，或将不能调解的治安案件进行调解处理。故而对"情节较轻"的认定十分重要，有必要进行理论探讨。

本文仅以殴打他人案"情节较轻"的构成为对象进行探讨，以期为基层派出所的实务调解工作提供参考。当然，依据《公安机关办理行政案件程序规定》

第178条的规定，治安纠纷的范围还包括故意损毁财物、侵犯隐私、侮辱、诽谤等违法行为，但根据《中国法律年鉴》历年数据统计，殴打他人是治安纠纷中数量最多的一类，也是在“情节较轻”的理解上最难把握的一类。因此，仅对殴打他人“情节较轻”因素构成进行探讨具有代表性意义。鉴于此，笔者主要从违法行为人的主观动机、伤势后果、受害人是否存在过错、方式手段、社会危害性、地点对象等因素分别论述。

一、主观动机是否卑劣

在主观动机方面，殴打他人案的违法行为人多因争执一时冲动而殴打他人或导致当事人间互殴，也存在因对方当事人言语不当、态度恶劣等原因引起行为人一时失去理智做出了违法行为。一般情况下，行为人在事后很快能认识到自己的过错并愿意为自己的过错承担责任，同时可以预测行为人再次实施违法行为的可能性较低，且社会对该类违法行为的谴责程度也较低。符合上述条件，公安机关便可将行为人主观动机视为不卑劣。如本案中一对睦邻因抢占车位，顾某一时情绪失控而做出违法行为，事后又能相互致歉，故可调解处理。反之，如果行为人在实施殴打行为之前有选择作案时机、准备作案工具等预谋和准备工作，其主观动机就较为卑劣。

二、伤势后果是否严重

按照相关法律规定，殴打他人的伤势后果上限为轻微伤。如果伤势达到轻伤及以上，则应当刑事立案。也就是说，殴打他人如果能够被调解处理，伤势应当是在轻微伤以下，不可能是轻伤。否则，构成故意伤害罪，双方只能刑事和解。而和解与调解完全不是一个概念。对此，派出所办案民警都比较熟悉。而实务中一些办案民警容易忽略的问题是，认为伤势后果是殴打他人案能否调解的唯一标准。而事实上，伤势后果只是“情节较轻”的标准之一，还需要结合其他因素综合考虑。如本节的开头，顾某殴打杨某，杨某的伤势是轻微伤，只是认定该殴打他人案能否调解的标准之一。

三、受害人是否有过错

俗话说，一个巴掌拍不响。这句话，严格意义上说过于绝对。但是，以笔者处理殴打他人案的经验看，一个巴掌拍不响在绝大多数殴打他人案例中得以淋漓尽致的体现。绝大多数殴打他人案的情况是，一方当事人先是辱骂、挑衅，或者有其他错误在先，对方在情绪失控的情况下动手打人。对于此类违法行为，由于受害人有错在先，如果再符合其他情节较轻的条件，应当尽量调解处理。如本文开头的案例，双方因为停车纠纷，先是杨某辱骂顾某，继而顾某殴打杨某，就存在杨某有错在先的情况，便具备了可以调解的前提之一。如果一方当事人没有任何过错，对方当事人无故动手打人则可能涉嫌寻衅滋事等违法行为，则不应当调解处理。

四、方式手段是否恶劣

一般情况下，以拳打脚踢、扇耳光等行为方式侵害他人人身安全的，属于手段不恶劣的行为方式，而使用如石头、棍棒、刀斧等器械致人身受损的，则属于手段恶劣的行为方式。虽然两者的伤害行为对人身的损害结果是相对的，且存在前者比后者更重伤害的可能性，但相对概率及常识判断而言，前者较后者更低，故而行为方式与手段恶劣与否是殴打他人案情节是否严重的一个考量标准。例如，游客丁某参加游览期间，在某土特产商店因购物问题和导游孟某发生纠纷，双方动手。后孟某从车内拿出一改锥威胁并殴打丁某，丁某下车躲藏，旅游大巴开走将丁某扔在路上。后孟某因涉嫌殴打他人被当地公安机关行政拘留。该案中的孟某被行政拘留的主要原因就是行为方式、手段恶劣。

五、社会危害是否严重

一般而言，社会危害性是指违法行为对社会利益造成的危害。就殴打他人的社会危害性而言，主要是指是否破坏了社会秩序。违法行为发生后，若不对当事人进行行政处罚，其违法行为易成为他人模仿或参照的对象，则此类违法行为对社会的秩序破坏较大，将有损法律尊严，此时只有较为严厉的行政处罚才能形成正面的社会效应。反之，即可调解处理。例如，武汉某名牌大学在读博士张某因自身原因晚点错过航班情绪失控而对工作人员进行掌掴，引起大量旅客围观，后经网络传播社会负面危害性波及全国，被属地公安机关行政拘留。尽管对方当事人的伤势后果不严重，但因该案社会危害性较大而不能调解。

六、地点对象是否特殊

殴打他人的违法地点与对象，相较其他违法情节较难引起民警的注意。而事实上，若在某些较为特殊的地点打架斗殴（如中小学校、飞机上等），或者殴打特殊对象（如孕妇、未成年人、老人等），其性质就比较恶劣，则不适合采取调解的手段解决纠纷，否则会产生消极的影响。例如，一架由昆明飞往郑州的民航客机在飞行途中，机上两对夫妻因上厕所调整座位发生口角并厮打而被公安机关行政拘留。又如，杭州一网红女子因为殴打孕妇被杭州警方行政拘留。

从上述六个因素看，对于因民间纠纷引起殴打他人的违法行为，是否符合情节较轻的情节，需要综合考虑。因此，实务工作中不能以其中的一两个因素为标准判断，如果将不符合调解条件的治安违法行为予以调解，非但不能对违法行为人起到应有的教育作用，还有损法律之尊严。

第三节　治安纠纷调解的“适用区”与“禁区”

某高中学生小甄（女，16周岁）在考试期间，因作弊被监考老师李某批评，并受到学校公开通报。第二日，小甄因羞愤在上学的路上突然将菜汤泼向李老师，在逃跑过程中，李老师抓住其衣领并要求他人拍照留证，混乱中小甄将李老师的手臂抓伤，后经鉴定，已对李老师构成轻微伤。李老师报警，但小甄声称自己的父亲是公安局的领导，就算将老师打成轻伤也无须负责。处警民警到达现场后通知小甄的母亲，后将双方带至学校政教处请学校相关领导共同处理。

然而，治安纠纷的调解并未按照处警民警的计划进行，意外出现在大约半小时后。闻讯赶来的李老师的丈夫杨某出现在政教处，当着众人的面对毫无防备的小甄的后脑勺猛抽两巴掌，后被及时制止，小甄构成轻微伤（事后鉴定）。处警民警眼见矛盾升级，遂将双方当事人带至派出所处理，并将杨某传唤至派出所。

从法律的角度看，上述违法行为即使后来有杨某的介入，也仍然是一起非常普通的治安案件，但自从杨某被传唤至派出所后舆情发生了极具戏剧性的变化。当地微信群、朋友圈及部分社交网站开始大量转发上述案情，甚至几天后沪上某知名新闻网站也开始推送该案信息，此案成了当地一件不算小的公共事件。舆情内容大致如下：小甄的父亲是公安局的高官（实为非案发地某派出所副所长，没有证据表明其参与该案），小甄的爷爷为公安局的退休干部，杨某只是在小甄的后背拍打了两巴掌就被押进派出所，小甄的父亲和爷爷大闹学校，学校应该开除小甄，否则教师的尊严何在，该案简直就是当地“河北李某”案的翻版，等等。随着舆情的发酵，小甄及其家人，甚至当地公安机关一时成为众矢之的，整个舆论导向是小甄向老师泼菜汤并殴打老师被学校开除才对，杨某为其妻子出手对小甄“拍打”两下是正义之举，公安机关将杨某押进派出所是受小甄父亲的影响，是非法的，应立即释放杨某。

“热闹”过后，很多当时义愤填膺的网友在发表各种“高见”之后可能都将此事抛之脑后，继续用自己的惯性思维对待下一个类似案件。毕竟类似上述的案件并不是极其少见的案件，尤其是一方当事人涉及警方家属、未成年人及学生教师家长的案件时有发生。鉴于此，笔者认为对该案中存在的一些问题可以从法律的角度进行剖析，以便类似的案件再次发生时能依法处理，而不是被舆论或者其他因素所左右。

一、小甄的违法行为该如何处理

《治安管理处罚法》第 9 条规定，对于因民间纠纷引起的打架斗殴或者损毁他人财物等违反治安管理行为，情节较轻的，公安机关可以调解处理。《公安机关办理行政案件程序规定》第 178 条规定了公安机关可以调解处理的情形，即“适用区”：（1）亲友、邻里、同事、在校学生之间因琐事发生纠纷引起的；（2）行为人的侵害行为系由被侵害人事前的过错行为引起的；（3）其他适用调解处理更易化解矛盾的。该案中，小甄疑因考试作弊被批评通报，向李老师身上泼菜汤并抓伤李老师违反了《治安管理处罚法》第 43 条第 1 款的规定，属于殴打他人。但小甄和李老师的治安案件事出有因，由民间纠纷引发，且双方是师生关系，小甄又是未成年人，实施违法行为时主观恶意不大，李老师的伤势只是轻微伤，显然该案情节较轻，符合上述条件，适合调解。之后，处警民警依据《公安机关办理行政案件程序规定》第 181 条“当事人中有未成年人的，调解时应当通知其父母或者其他监护人到场”的规定，通知小甄的母亲到达现场，然后依据《公安机关治安调解工作规范》第 8 条第 1 款“公安机关进行治安调解时，可以邀请当地居（村）民委员会的人员或者双方当事人熟悉的人员参加”的规定，邀请双方当事人都熟悉的学校领导参与调解。可见，处警民警在案发现场对该案的处理既合法又合理。

二、处警民警将杨某“押”进派出所是否合法

《治安管理处罚法》第 82 条规定，对现场发现的违反治安管理的治安管理行为人，人民警察经出示工作证，可以口头传唤，但应当在询问笔录中注明。对无正当理由不接受或者逃避传唤的人，可以强制传唤。该案中的杨某，在公安机关调解小甄和李老师的治安纠纷过程中突然对小甄的后脑勺部位猛抽两巴掌显然属于违法行为，将矛盾升级，此时处警民警及时中止调解，将杨某口头传唤至派出

所进一步调查是正常的执法程序，是合法的，如果杨某不接受或者逃避传唤，民警就算将其“押”进派出所也是合法的。

三、民警家属和他人发生案件后，民警是否需要回避

《治安管理处罚法》第 81 条规定，人民警察在办理治安案件过程中，遇有下列情形之一的，应当回避；违反治安管理行为人、被侵害人或者其法定代理人也有权要求他们回避：（1）是本案当事人或者当事人的近亲属的；（2）本人或者其近亲属与本案有利害关系的；（3）与本案当事人有其他关系，可能影响案件公正处理的。该案中，小甄的父亲实际为非案发地某派出所的副所长，既不属于案发地派出所的负责人，更不是办理该案的民警，没有回避的法律依据。实际上，小甄的父亲并没有参与到该案的处理过程中，处警民警现场通知小甄母亲的行为值得肯定。尽管小甄在案发后有“我父亲是公安局的领导，就算给老师打成轻伤也不用负责”的狂妄之语，但笔者认为，从心理学的角度进行分析，这可能只是一个未成年少女犯错后潜意识的自我保护，对于本案的处理结果没有任何实质性的影响，对于小甄的这一行为应当宽容，尤其是发生在校园这样教书育人的场所。因此，对于小甄父亲的身份或许可以成为私下怀疑的对象，但在没有证据表明其父亲干预该案的前提下不能成为舆论指责的对象。至于小甄的爷爷为公安局退休干部的身份，就是普通公民，根本没有回避的前提。

四、杨某的违法行为该如何处理

《公安机关办理行政案件程序规定》第 178 条规定了公安机关可以调解处理的几种情形，同时，该规定第 179 条也规定了不适用调解处理的情形，即“禁区”：（1）雇凶伤害他人的；（2）结伙斗殴或者其他寻衅滋事的；（3）多次实施违反治安管理行为的；（4）当事人明确表示不愿意调解处理的；（5）当事人在治安调解过程中又针对对方实施违反治安管理行为的；（6）调解过程中，违法嫌疑人逃跑的；（7）其他不宜调解处理的。笔者认为，虽然小甄的伤势只是构成轻微伤，但杨某实施违法行为时主观态度恶劣，属于情节较重，不适合调解。具体理由有以下三点：其一，杨某事后殴打小甄是打击报复、逞强，具有第（2）项寻衅滋事之嫌疑；其二，杨某在治安调解过程中殴打小甄符合上述规定第（5）项规定；其三，案发地在学校，属于教书育人、文明守法的公共场所，而被害人小甄又属于未成年学生，符合上述规定的第（7）项其他不宜调解处理的条件。因此，对于杨某的违法行为公安机关应该对其进行行政处罚，不适合调

解处理。

事后，当地公安机关依据《治安管理处罚法》的相关规定对杨某作出行政处罚的决定是符合法律规定的，契合了《治安管理处罚法》第 9 条的立法精神，应该给予大力支持。假如该案因舆论或被其他因素左右，未对杨某恶劣的违法行为进行处罚，采取治安调解，伤害的不仅是小甄及其家长的心，还有法律的尊严，后果是杨某成为他人模仿的对象，可能危及每个人的人身安全。

第四节　“自愿原则”看似简单而实践不易

楼上楼下做了多年邻居的老王和老张，因楼上空调漏水问题心生嫌隙。在数次协调未果的情况下，老王一怒之下出手打了老张，后者构成轻微伤。事后，社区民警依据《治安管理处罚法》第 9 条的相关规定和《公安机关办理行政案件程序规定》第 180 条“自愿原则”的精神，询问老王、老张是否愿意接受公安机关的调解，老王表示愿向老张赔礼道歉并给予一定的经济赔偿，而老张也原谅了当时冲动的老王，双方很快达成协议，空调漏水问题也一并得到了解决，邻里关系恢复如初。

笔者认为，此案之所以圆满解决，一个重要原因是社区民警对公安机关调解治安纠纷的首要原则，即自愿原则的精神把握得比较到位。然而，笔者也注意到，个别情况下公安民警因未能真正摸清治安纠纷当事人是否愿意接受调解的真实意愿及自身因素等原因，对自愿原则的把握容易出现偏差，导致矛盾纠纷未能很好地化解。具体有以下五种类型：

一、相互斗气型

通常情况下，纠纷当事人发生矛盾后表面上怒气难消，为了维护自己的面子，互相指责、相互斗气，声称不接受调解，愿意接受法律的处罚，或相互提出一些不合理的要求，但内心害怕处罚，希望和解。公安民警一旦被表象迷惑，则难以化解矛盾，而如果能把握当事人的真实心理，先缓解彼此激动的情绪，讲明法律处罚后的不利影响，再征求他们的调解意愿，也许就轻而易举地把矛盾调解了。

二、欲擒故纵型

依据当前法律规定，治安纠纷发生后，如果双方当事人自愿接受调解，协议的内容应由双方自由协商决定。实务工作中，个别当事人因民间纠纷被他人殴打或财物被人损坏等原因，拒不接受对方的调解请求或公安机关的调解建议，其真实目的并非不愿意接受调解，而是欲擒故纵，企图以对方畏惧法律处罚的心理达到自己不合理的经济赔偿要求。面对此类情况，公安民警如果没有搞清其真实意图，草率地将另外一方当事人依法处罚，则矛盾很难真正得到化解，而应尽力劝说一方放弃不合理的诉求，自愿接受调解，力争使纠纷真正得到调解。

三、欲调被压型

依据《治安管理处罚法》第 9 条和《公安机关办理行政案件程序规定》第 178 条规定，对于因民间纠纷引起的殴打他人、故意伤害、侮辱等违反治安管理行为，情节较轻，可以调解处理。可以看出，治安纠纷当事人对自己的违法行为是否调解并没有主动权，权力掌握在公安机关手里。事实上，绝大多数情况下治安纠纷的发生是因当事人一时冲动的结果，当事人冷静下来很快会认识到自己的错误，是愿意和解的。然而，个别民警因对上述法律规定理解不到位或因其他原因，未征求纠纷当事人的调解意愿，或对当事人提出的调解意向置之不理，直接将一方或双方当事人依法处罚，其结果是不但没有调解好纠纷，还可能将矛盾进一步激化。因此，民警在治安案件符合调解条件的前提下，应先征求纠纷当事人的调解意愿或对当事人的主动调解意向积极配合，争取将矛盾予以化解。

四、拒调被迫型

实务工作中，绝大多数治安纠纷能在当事人自愿的前提下，由公安机关介入调解，但也存在当事人拒绝公安机关调解的情况，此时，公安机关应依法对当事人进行处罚。但是，个别民警或因过于想为当事人化解矛盾，或因公安机关基层警力不足等因素，违背当事人的自愿意志，强迫一方或双方当事人接受调解，导致当事人对公安机关产生微词。笔者认为，公安民警在治安纠纷发生后应及时征求当事人的意愿，尽可能地帮助当事人化解矛盾，一旦遭到明确拒绝，应依法及时对违法行为人进行行政处罚，以免产生不必要的负面影响。

五、放弃被涉型

《公安机关办理行政案件程序规定》第 186 条规定，对符合本规定第 178 条规定的治安案件，当事人自行和解并履行和解协议，双方当事人书面申请并经公安机关认可的，公安机关不予治安管理处罚。治安纠纷协议的内容和履行，仍然需要双方当事人自愿。但实务工作中，个别当事人因协议时未能达到自己的要求或达成协议后履行时出现反悔放弃调解，致使调解半途而废。对此，个别民警认为当事人的做法影响公安机关的工作效率，横加干涉，强行要求当事人接受公安机关的调解意见或履行协议，引起当事人的不满。在协议过程中或履行协议时一旦出现波折，公安民警应利用法律道德等引导当事人达成协议并及时履行内容。如果一方或双方当事人未能达成或拒绝履行协议，公安机关应及时对违法行为依法处罚。

第五节　现场调解你失误几许

某日，翟某和朋友何某等五人在餐馆就餐。在此期间，翟某和何某因琐事发生争执，继而互殴，后报警。民警到达现场后，双方当事人很快冷静下来，各自知错。后经一起用餐的朋友提议，各自为对方的伤势（常识判断为轻微伤）治疗负责，双方互不追究责任，翟某与何某表示同意。民警认为，翟、何两人的违法行为系熟人间民间纠纷引起，情节较轻，符合《公安机关治安调解工作规范》第 14 条“情节轻微，事实清楚，因果关系明确，不涉及医疗费用、物品损失或者双方当事人对医疗费用和物品损失的赔付无争议，符合治安调解条件，双方当事人同意现场调解并当场履行的治安案件，可以进行现场调解”之规定，当场调解了双方当事人的纠纷。

上述警情是一起典型的在现场调解的治安纠纷，相信在基层派出所工作过的民警并不陌生，也不会觉得该民警在现场调解的程序上存在什么不妥之处。事实上，这是笔者曾经亲自处理过的警情，当时自认为处理得完美无瑕，但现在发现对这起在现场调解的治安纠纷的处理还是存在一些瑕疵。如果上述双方当事人因为医疗费的赔偿出现争议，笔者再次处理这起治安案件时将会十分被动。笔者认为，个别民警包括笔者自己在内，在现场调解的程序上之所以会出现一些失误或问题，恰恰是因为现场调解的治安纠纷案件情节比较简单，容易使人放松警惕。鉴于此，笔者认为有必要对现场调解易出现的几个小问题进行探讨并提出对策、建议。

一、对“现场”的理解过于绝对

《公安机关办理行政案件程序规定》第 178 条和《公安机关治安调解工作规范》第 14 条都对能够现场调解的治安案件作了空间上的限制，即现场。现场，根据百度百科的解释是，事件或行动发生的地点。以此解释，现场调解的意思是指，在治安案件发生地进行调解。对此，有人会认为，现场调解必须在治安案件的发生地调解，否则就进入了一般调解的程序。笔者认为，对现场调解的空间理解不能太过绝对，因为在实务工作中，一些案发地受客观条件的限制，如交易市场人员较多且复杂、恶劣天气、履行协议内容必须到就近地点等原因，是无法完成现场调解的，或者是难以实现现场调解的。对此，笔者认为，对于具备现场调解而又无法在现场完成调解的治安案件，调解场所不能太过绝对，可以到就近的警务室、居（村）委会、警车内、物业办公室等这些延伸的场所完成。

二、未能查清案情

依据《公安机关办理行政案件程序规定》第 178 条规定，现场调解的前提是事实清楚、因果关系明确。这也是区别一般调解的重要条件。但在实务工作中，矛盾纠纷频发，容易使民警降低责任心，简单对待，只要能够现场解决了纠纷，至于事实是否清楚、因果关系是否明确往往不能引起重视。事实上，有些现场调解的纠纷，因为处警民警未能搞清楚事实、因果关系不明，就“高效”地化解了矛盾，但后续矛盾还易再发，此时事实将更加难查、因果关系更加不明确。对此，处警民警在完成现场调解之前务必要按照法律的规定，查明事实、分清责任，以免节外生枝。

三、未能当场制作《现场治安调解协议书》

《公安机关治安调解工作规范》第 14 条规定，现场调解达成协议的，应当制作《现场治安调解协议书》一式三联，由双方当事人签名。上述规定的目的非常明确，以防当事人反悔。而事实上，当场制作《现场治安调解协议书》恰恰是处警民警最容易忽略的环节，因为对于当场能够调解的治安案件往往是情节非常轻微或者没有争议的案件，绝大多数情况下当事人不会出现反悔的情况，处警民警会认为在现场制作《现场治安调解协议书》是一件没有必要且非常麻烦的事情，动力十分不足。但实务工作中，长年累月地当场调解大量治安案件不排除个别当事人对协议反悔的情况，此时现场制作的《现场治安调解协议书》便可以成为后续依法处理的重要参考。因此，处警民警对于当场调解的治安纠纷，当场制作《现场治安调解协议书》是很有必要的，也是实现自我保护的重要手段。此外，根据《公安机关办理行政案件程序规定》第 178 条规定，当事人基本情况、主要违法事实和协议内容在现场录音录像中明确记录的，不再制作调解协议书。这里需要注意的是，在录音录像的过程中不能遗漏协议的关键信息，否则一旦双方当事人再次发生争议，此时既没有书面的协议书，又没有完整的视听资料，将使后续的处理变得较为麻烦。

四、缺乏证据敏感性

很多治安案件之所以能够得以现场调解，是因为治安案件不涉及医疗费、物品损失或者双方当事人对医疗费用和物品的赔付无争议。事实上，绝大多数治安纠纷当事人都能够当场履行完协议的内容，但也会有个别当事人因为客观原因或者其他原因无法全部履行，留下部分口头承诺。在实务工作中发现，个别当事人在现场的承诺事后因为没有公安机关的权威、监督，会变成扯皮之事甚至空头支票，此时，矛盾必然再次出现。最重要的是，公安机关往往丧失了取证的关键时期，后续的处理将变得十分被动。因此，在调解现场，务必促使当事人当场全部履行协议内容，对于承诺以后履行或者当场部分履行协议的当事人，万不可轻信，应当立即开始取证工作。其意义是，一方面可以通过取证督促当事人及时履行协议，另一方面也能为处罚不诚信的当事人留下后路。此外，对于殴打他人类侵犯人身权利的治安案件，伤势可能较重的，即使双方当事人同意现场和解，最好也要固定证据，以防万一。

五、存档不规范

《公安机关治安调解工作规范》第 15 条第 2 款规定，现场治安调解结案的治安案件，可以不制作卷宗，但办案部门应当将《现场治安调解协议书》按编号装订存档。笔者认为，上述规范性文件规定办案部门应将《现场治安调解协议书》按编号装订存档，是很有必要的，因为这样能够有效地防止一方或双方当事人对协议内容反悔或在案情出现争议的情况下进一步依法处理。但在基层派出所，办案民警工作异常繁忙，对于当场调解的治安案件往往不能引起足够的重视，会出现乱放甚至遗失《现场治安调解协议书》等材料的情况。对于个别民警来说，这样的处理或许不会有严重的问题，但对于一个单位来说，当事人对协议内容反悔或对案情出现争议的情况是早晚要发生的。因此，办案民警或综合部门将《现场治安调解协议书》按编号装订存档应该成为派出所的工作制度，不能掉以轻心。此外，如果当场没有制作《现场治安调解协议书》，而是采用现场录音录像的方式固定调解协议内容的，处警民警应当及时将该录音录像上传至相关系统内，以免留下后患。

×××公安局

现场治安调解协议书

（仅供参考）

×公（×）调解字【20××】第××号

当事人 张×（甲方） 性别 × 年龄 × 身份证件及号码 ×

工作单位及职业 × 家庭住址 ×

当事人 李×（乙方） 性别 × 年龄 × 身份证件及号码 ×

工作单位及职业 × 家庭住址 ×

主要事实：××××年×月×日×时许，甲方因乙方欠其借款，到乙方位于××路的家中催要借款，后因归还时间发生争执，甲方用拳头将乙方的嘴巴打伤。乙方自称，自己伤势较轻，无须医院治疗，也不需要验伤，同意甲方的现场调解请求。

经调解，双方自愿达成如下协议：

1. 甲方向乙方口头表示道歉；

2. 甲方向乙方一次性赔偿医疗、误工等各项费用共计人民币×××元整（甲方已支付给乙方）；

3. 双方当事人签署协议后，乙方不再追究甲方的其他法律责任；

4. 协议签署后，双方当事人不得因此再发生任何争执。

本协议自双方签字之时起生效，并当场履行，公安机关对违反治安管理行为人不予处罚。

当事人（签名）：张× ××××年×月×日

当事人（签名）：李× ××××年×月×日

办案民警：王× ××××年×月×日

（调解机关印章）

××××年×月×日

（第一联：存根；第二联：送当事人；第三联：送当事人）

第六节 “六步骤”掌握普通调解主动权

王某、李某等人前往建筑工地索要工程款未果而阻止工地施工车辆通行。工地负责人贺某见状便上前与王某理论，双方遂发生争执，王某将工地车辆砸坏，贺某对王某进行殴打，旁人报警。出警民警迅速到达现场了解情况后，便固定关键证据。次日，双方当事人均认识到自己的过错，主动要求公安机关调解处理，并很快达成调解协议。

笔者认为，民警对该起治安案件受理及时、证据固定完整及规范处理是该案能被轻松调解的重要因素。众所周知，在基层公安，治安纠纷的数量占每日报警总量的比重较大，是公安机关日常重要的工作之一，能否很好地化解百姓间的矛盾纠纷在一定程度上关系着社会的稳定和谐。正是因为这项工作司空见惯，民警在调解治安纠纷的程序上容易产生轻视心理，造成程序上的不规范，导致一些治安案件既无法对当事人实施行政处罚又调解不成的尴尬局面。治安纠纷一旦久拖不决，容易遭到当事人的不满，甚至投诉、诉讼，公安机关将陷入被动。因此，严格规范的调解程序，不仅关系到治安案件能否被顺利地调解，还能将或调或罚的主动权牢牢地掌握在公安机关手中。

对于治安调解程序，《治安管理处罚法》第 9 条作了原则性的规定，之后的《公安机关办理行政案件程序规定》第 10 章、《公安机关治安调解工作规范》及《公安机关执法细则》第 39 章作了比较详细的补充，但笔者认为上述规定还不够系统、简洁，不能一目了然。

鉴于此，笔者梳理出上述法律法规中治安调解的程序顺序规定及易出现的问题，便于执法民警更好地掌握，提高工作效率。笔者认为，除了现场能够调解的治安纠纷，普通的治安纠纷应该遵循以下几个步骤：

一、受理案件

《公安机关办理行政案件程序规定》第 60 条规定，县级公安机关及其公安派出所、依法具有独立执法主体资格的公安机关业务部门以及出入境边防检查站对报案、控告、举报、群众扭送或者违法嫌疑人投案，以及其他国家机关移送的案件，应当及时受理并按照规定进行网上接报案登记。从上述规定可以看出，对属于本单位管辖的治安案件，受理是处理治安案件的开始，也是必经程序。实务工作中，公安机关能够按照内部办案系统和流程规范处理通过 110 报警的治安案件，但对当事人来所控告、举报的治安案件，有时会存在受理不规范的情况。个别民警贪图一时之便，轻信自己能够直接调解，无须受理。事实上，治安案件是否具备调解条件、当事人是否愿意接受调解、能否调解成功等均充满诸多变数。如果缺少正式的受理程序，一旦治安案件的调解发生变数，很容易导致后续工作陷入被动。因此，对属于本单位管辖的治安案件，无论最终以调解还是处罚解决，受理均是前提。

二、固定证据

《公安机关办理行政案件程序规定》第 180 条规定，调解处理案件，应当查明事实，收集证据。实务工作中发现，很多治安案件之所以能够顺利调解结案，并非当事人真正认识到自己的错误而诚恳道歉，而是因畏惧公安机关可能对其进行行政处罚的后果。对公安机关来说，完整的证据是对调解不成的案件当事人作出行政处罚的关键。在公安实务工作中，个别民警对调解过于自信或嫌收集证据耗时耗力，便疏于对证据的收集。如果没有及时收集，很多证据会因时间、技术等原因而自行灭失、难以复原。在调解工作中，一旦调解工作出现波折或无法调解，没有证据将导致案件陷入既不能调解又不能处罚的被动局面。因此，治安案件发生后，无论是调解还是处罚，固定证据必不可少，它是受理案件后最重要的工作。

三、履行告知

证据收集完毕后，公安机关认为治安案件符合调解条件的，应对双方当事人履行告知义务。告知工作有以下几点：一是告知解决问题的途径。调查后发现没有违反治安管理行为的民间纠纷，应该依据《公安机关办理行政案件程序规定》第 178 条规定，告知当事人向人民法院或人民调解组织申请处理（当事人主动要求公安机关调解的除外）。二是征求调解意见。对当事人主动要求公安机关调解处理的，公安机关应予以调解；对不知案件可调解处理的当事人，公安机关应征求当事人的调解意愿，力争调解处理；对不愿接受调解的当事人，应当依据《公安机关执法细则》第 44 章第 2 款的规定，要求当事人提交有关声明或在笔录中予以记录。三是告知当事人的权利、义务。如，当事人尚未成年，应通知其父母或监护人到场。又如，被害人有委托其他人参加调解的权利。四是告知处罚的后果。有些当事人无论公安机关如何征求其调解意愿，都拒绝接受调解，尤其是双方当事人均可能面临行政处罚的情况，此时公安机关应告知当事人不接受调解可能面临的法律结果及间接后果。

四、组织调解

双方当事人若自愿接受调解，公安机关应及时确定好时间、地点与参加人员。一般情况下，证据收集完毕后便可以集合纠纷当事人在派出所开展调解工作。参加人员应以纠纷当事人为主，范围不宜扩大。实践中发现，参加人员越多调解意见越容易发生分歧，不利于及时结案。案件若涉及未成年人的，调解时应通知其父母或其他监护人到场（当事人为年满 16 周岁的未成年人，以自己的劳动收入为主要生活来源，本人同意不通知的除外）。需要注意的是，对于年满 16 周岁的未成年人如不同意通知其父母或其他监护人到场的，应在笔录中注明，以免引起不必要的麻烦。被侵害人委托其他人参加调解的，应向公安机关提交委托书，并写明委托权限。违法嫌疑人不得委托他人参加调解。调解应当制作笔录。

五、确认协议

对于双方当事人达成的调解协议，在公安机关的主持下应制作《治安调解协议书》。关于《治安调解协议书》的具体内容，《公安机关治安调解工作规范》第 10 条、第 11 条作了较为明确的规定，笔者不再赘述。然而，在实务工作中，《治安调解协议书》往往存在一些问题，如承办民警在调解协议书上记载了双方同意调解、甲方向乙方赔礼道歉、赔偿损失等信息，但赔偿什么损失、赔偿多少损失、履行期限、履行方式等事项均不能通过调解协议书得到反映，若在履行期间发生争执，可能使得前期工作前功尽弃。更有甚者，尽管治安纠纷得以顺利调解，却并未制作《治安调解协议书》或仅以收条代替，更是后患无穷。因此，笔者建议，执法者应严格按照《治安调解协议书》的格式与内容要求制作协议书，切不可以任何理由或借口忽视这一环节。

六、存档备案

对于调解成功的治安案件，办案民警应按照《公安机关治安调解工作规范》第 15 条的规定，将调解协议书、调解笔录及相关证据等根据案卷装订要求进行存档，以防当事人对调解内容反悔或拒绝履行协议的内容，若当事人一意孤行，公安机关可以继续依法对当事人进行行政处罚。但在实务工作中发现，存档备案阶段也是容易被忽略的地方。在基层公安，经调解的治安案件材料比比皆是，如不能及时归档容易造成遗失、缺少等现象。尽管经公安机关调解的治安案件反悔概率极低，但不排除个别出现异常的情况。因此，为以防万一，将案卷存档备案，无论对当事人还是公安机关都能起到保护作用。

×××公安局

治安调解协议书

（仅供参考）

×公（×）调解字【20××】第××号

主持人　李×　单位及职务　×派出所治安民警　调解地点　×派出所

当事人基本情况（姓名、性别、年龄、出生日期、身份证件种类及号码、工作单位、现住址、电话）　甲方：张×（余略）　　　乙方：李×（余略）

调解见证人基本情况（姓名、性别、年龄、出生日期、身份证件种类及号码、工作单位、现住址、电话）　顾×（余略）、刘×（余略）

主要事实（包括案件发生时间、地点、人员、起因、经过、情节、结果等）：

××××年×月×日×时许，甲方因乙方欠其借款，到乙方位于××路的家中催要借款，后因归还时间发生争执，甲方用拳头将乙方的嘴巴打伤。经验伤，乙方构成轻微伤。

经双方确认，对以上事实无争议。

经调解，双方自愿达成如下协议（包括协议内容、履行方式和期限等）：

1. 甲方在×派出所向乙方口头表示道歉；

2. 甲方向乙方一次性赔偿医疗、误工等各项费用共计人民币×××元整（甲方已支付给乙方）；

3. 双方当事人签署协议后，乙方不再追究甲方的其他法律责任；

4. 协议签署后，双方当事人不得因此再发生任何争执。

本协议自双方签字之时起生效。对已履行协议的，公安机关对违反治安管理行为人不予处罚；对不履行协议的，公安机关依法对违反治安管理行为人给予治安管理处罚，被侵害人可以就民事争议依法向人民法院提起民事诉讼。

本协议书一式三份，双方当事人各执一份，调解机关留存一份备查。

当事人意见：同意　签名（盖章）：张×　　　　××××年×月×日

当事人意见：同意　签名（盖章）：李×　　　　××××年×月×日

主持人签名：李×　　　　　　　　　　　　　　　　××××年×月×日
见证人签名：顾×　刘×　　　　　　　　　　　　　××××年×月×日
（调解机关印章）
××××年×月×日

第七节　遵守“及时原则”避免久拖不决

某月月初，余某和童某因工作琐事发生口角，后余某拳打童某脸部并致其眼镜损坏，童某毫不示弱对余某腿部回踢了一脚，公司领导见状报警。民警到场后对双方的违法行为调查后便将双方带至派出所处理。在派出所内，余某意识到自己殴打他人的行为可能受到处罚，便主动向童某道歉，并承诺月底发工资时赔偿童某1000元，童某同意，在民警的主持下双方达成了调解协议。及至月底，余某认为赔偿金额过高而只愿意赔偿500元，童某不同意，找当时承办案件的民警处理此事。民警本欲打算行政处罚余某，但此时案发地的视频已自动删除，童某的伤势也已恢复，并且当时连询问笔录也没有制作，后续工作非常被动。

该案中，造成民警后续工作被动的根本原因在于承办民警没有遵循《公安机关治安调解工作规范》第6条的“及时原则”，即没有及时调查取证并要求余某履行协议内容。在公安实务工作中，因承办民警在执法程序中不及时固定证据导致治安纠纷既调解不成又无法处罚的情况屡见不鲜，这种被动的局面极易遭当事人不满甚至投诉、诉讼，影响公安机关严格执法为民服务的形象。因此，为避免纠纷调解出现久拖不决的现象，笔者认为，办案民警应做到以下五个及时：

一、及时出警

《公安机关110接处警工作规范》第12条规定，对危及公共安全、人身或财产安全，迫切需要处置的紧急报警、求助和对正在发生的民警严重违纪行为的投诉，严格落实“城区五分钟、城郊十分钟、农村地区尽快到达”的出警时限要求。在实际工作中，绝大部分城区、城郊民警能按规定时间到达报警现场，农村地区因地域相对宽广只能要求尽快到达。很多治安纠纷发生后，当事人并不按照公安机关意愿或报警电话中的交代耐心等候公安机关到场处理，而是在民警赶赴现场的过程中将矛盾扩大，升级为刑事案件，甚至群体性事件。因此，对于已接报的治安案件，无论情节轻重、事态是否紧急，民警均应及时赶赴现场，切不可掉以轻心。因为一旦纠纷未能及早控制而升级，无论对当事人还是公安机关来讲，都要付出一定的代价。

二、及时收集证据

《公安机关办理行政案件程序规定》第49条规定，对行政案件进行调查时，应当合法、及时、客观、全面地收集、调取证据材料，并予以审查、核实。可见，“及时”是公安机关固定证据的基本要求，但对“及时”尺度的把握，该规定并未明确，《公安机关治安调解工作规范》也无相应解释。笔者认为，对“及时”的把握还需民警视案件具体情况而定。也正因如此，易在时间上出现不及时的现象，致使证据灭失无法收集。比如，轻微伤若不及时验伤会在数天甚至24小时内灭失再难取证。又如，视听资料等证据在设备较差的单位保存时间可能只有一周，甚至更短。如果关键证据因办案民警未及时收集导致灭失，一旦当事人对争议产生分歧，后续调解工作将步履维艰。因此，笔者认为，治安纠纷发生后民警应在第一时间先固定最容易灭失的证据，再收集时限性相对较弱的证据，切不可贪一时之便使后续工作陷入被动。

三、及时组织调解

对于治安案件的办案期限，《治安管理处罚法》第99条规定，公安机关办理治安案件的期限，自受理之日起不得超过30日；案情重大、复杂的，经上一级公安机关批准，可以延长30日。为查明案情而进行鉴定的期间，不计入办理治安案件的期限。《公安机关办理行政案件程序规定》第185条第2款又规定，从调解未达成协议或者调解达成协议不履行之日起开始计算。然而“未达成协议或协议不履行之日”究竟从何时起算法律法规并无明确规定，以至于不同的办案民警产生不同的理解，甚至利用规定的模糊性无限延长调解期限。当然，治安纠纷发生后立即组织当事人进行调解并非笔者本意，因为在实务工作中，不乏当事人在当时情绪激动，冷静过后矛盾烟消云散的情况出现。但具体问题需具体分析，更多的治安纠纷待证据收集完整后还是应及时组织双方当事人进行调解，否则会导致当事人对公安机关不满，甚至一方当事人认为公安机关偏袒另一方当事人而不利于矛盾的化解，或认为公安机关工作效率低下而影响公安形象。

四、及时处罚

《公安机关办理行政案件程序规定》第185条第1款规定，调解达成协议并履行的，公安机关不再处罚。对调解未达成协议或者达成协议后不履行的，应当对违反治安管理行为人依法予以处罚。即调解和处罚都是处理治安案件的手段。实务工作中，个别民警因过分考虑行政处罚对当事人的不利后果或忌惮行政处罚的复杂程序而想方设法将纠纷调解处理。笔者认为，多数治安纠纷确应调解处理，因为调解能最大限度地化解矛盾，促进社会稳定，但对经一次、两次，甚至三次以上调解双方当事人仍无法达成协议的治安案件，或调解的效果没有行政处罚的效果明显的，公安机关应及时终止调解，对当事人进行行政处罚。

五、及时结案

《公安机关治安调解工作规范》第 12 条规定，调解协议履行期满 3 日内，办案民警应当了解协议履行情况。对已经履行调解协议的，应当及时结案，对没有履行协议的，应当及时了解情况，查清原因。可见，即使治安纠纷调解成功并签订了调解协议，只要调解协议没有履行完毕，治安纠纷的调解还是有前功尽弃的可能。对于调解协议的履行，笔者认为，除极个别当事人因客观原因外，应要求当事人当场立即履行，否则“后患无穷”。因为不少当事人在派出所能认识到自己的错误或因畏惧行政处罚而被迫同意对方当事人的协议要求，一旦离开公安机关就如“成功突围”一般，对自己亲手签订的调解协议反悔而拒绝履行。所以，对已达成的协议，公安机关应督促当事人当场立即履行以及时结案。

第八节　固定证据是调解工作的关键

沈阿姨报警称，其与邻居印某因家门口垃圾清扫问题发生口角，后遭印某殴打受伤。民警将印某传唤至派出所进行询问，但印某对殴打沈阿姨的行为矢口否认。在笔录制作完毕后，民警给沈阿姨开具了验伤单，并及时走访案发现场调查取证，固定证人证言及视频监控，完整地还原了案发经过。在充足的证据面前，印某承认了其违法行为，并诚恳地向沈阿姨道歉。沈阿姨考虑到自己伤势并不重又顾及邻里关系，原谅了印某，接受公安机关的调解。双方很快达成了协议，邻里关系和好如初。

笔者认为，上述纠纷之所以能被成功调解，主要原因在于充分的证据迫使印某认识到自己的错误，而后诚恳地向沈阿姨道歉。由此可见，固定证据在公安机关调解治安纠纷工作中占据十分关键的地位。但实务工作中并非每位民警都如该案民警那样能认识到固定证据的重要性，在固定证据上往往存在诸多问题，导致调解工作陷入被动或久调不解，甚至陷入既无法调解又不能实施治安处罚的尴尬境地，以致损害公安机关的权威与公正。经分析，笔者总结了以下四个方面情况，并在此基础上提出建议。

一、证据意识不到位

《治安管理处罚法》第 9 条规定，对于因民间纠纷引起的打架斗殴或者损毁他人财物等违反治安管理行为，情节较轻的，公安机关可以调解处理。该法虽未对固定证据作出规定，但《公安机关办理行政案件程序规定》第 180 条对此作了补充规定，调解处理案件，应当查明事实，收集证据。实务工作中，绝大多数民警能够依照上述规定收集证据，查明事实，并使出浑身解数化解矛盾。但在大量调解成功的案例面前，也有部分民警忽略了现象背后的真实原因，误认为调解技巧远比前期收集证据重要，甚至认为对于能够调解处理的治安案件所做的固定证据工作是浪费时间和精力，逐渐丧失了固定证据的意识。尽管部分纠纷在没有证据的情况下依然能被顺利调解且当事人不会反悔，但毕竟治安纠纷是基层公安工作的重要组成部分，数量庞大，若心存侥幸而忽略取证工作，容易在执法程序上留下瑕疵，使后续的调解或办案工作陷入被动。鉴于此，笔者认为，除符合《公安机关办理行政案件程序规定》第 178 条规定可以当场调解的外，无论治安纠纷复杂与否、容易调解与否，也无论平时工作繁忙与否，均不能淡薄甚至丧失取证意识，只有高度重视证据对于治安纠纷的重要作用，才能保证公安机关对后续的调解抑或办案工作掌握主动权。

二、证据固定不完整

《公安机关办理行政案件程序规定》第 26 条第 1 款规定：“……公安机关办理行政案件的证据包括：（一）物证；（二）书证；（三）被侵害人陈述和其他证人证言；（四）违法嫌疑人的陈述和申辩；（五）鉴定意见；（六）勘验、检查、辨认笔录，现场笔录；（七）视听资料、电子数据。”从理论上讲，收集上述七类证据是公安机关办理一起复杂的治安案件前期需要准备的工作，但多数案件可能只需其中部分证据即可形成完整的证据链。实务工作中，绝大多数民警在治安纠纷调解前或调解过程中具有较好的取证意识，但也有部分民警因认识不足或工作懈怠等原因，只将一些自以为较为关键的证据进行固定，如当事人的询问笔录、鉴定意见等，而未将证人证言等予以收集固定。实际上，看似不重要的证据也可能在调解陷入困境时起到关键的作用。因此，笔者建议，当一些复杂的治安案件发生后，民警要尽可能地将实际存在的证据固定完整，形成完整的证据链以防后患，切忌为节省时间或其他原因厚此薄彼。

三、固定证据不及时

《公安机关办理行政案件程序规定》第 49 条规定，对行政案件进行调查时，应当合法、及时、客观、全面地收集、调取证据材料，并予以审查、核实。从上述规定中可以看出，“及时”是公安机关固定证据的一个基本要求。但对“及时”尺度的把握，该规定并未明确，《公安机关治安调解工作规范》也无相应解释。笔者认为，对于“及时”的把握更多的还是取决于案件的具体情况。比如，轻微伤势不能及时验伤可能在 24 小时甚至更短时间内会消失无法复原。又如，视听资料等证据，有些单位的设备较差，保存时间可能只有一周甚至更短时间。而关键证据因民警不及时固定导致灭失，一旦当事人对争议产生分歧，后续的调解工作可能无法开展。因此，笔者建议，纠纷发生后民警应先及时固定容易灭失的证据，再固定那些随时可以固定的证据，切忌本末倒置，使工作陷入被动。

四、证据保存不规范

《公安机关治安调解工作规范》第 15 条规定，经治安调解结案的治安案件应当纳入统计范围，并根据案卷装订要求建立卷宗。从上述规定可以看出，治安纠纷的全部材料是要形成卷宗的，而证据无疑是卷宗最重要的组成部分。笔者认为，之所以要求对治安纠纷制作卷宗，其中一个重要的原因是《治安管理处罚法》第 9 条规定，经调解达成协议后不履行的，公安机关应当依照本法的规定对违反治安管理行为人给予处罚。换言之，一旦当事人不履行治安调解协议，公安机关应当依法对当事人作出行政处罚，而处罚的依据便是前期的取证。实务工作中，绝大多数治安纠纷在公安机关的调解下都能履行协议，而一旦出现反悔或不能够履行的，证据就显得无比重要。但个别民警一旦将治安纠纷调解完毕就认为证据失去意义，随意保存或不及时规范入档，导致需要处罚时束手无策。鉴于此，笔者建议，治安纠纷调解完毕后，民警切记将证据等材料及时归档，以备后用。

第九节　好心调解却成“被告人”

张某和刘某是楼上楼下的邻居。某年 5 月 10 日 15 时许，张某报警称，刘某家的宠物狗叫声太大，影响到自己的正常生活，和刘某发生争吵。派出所接到报警后，社区民警到达现场展开调解工作，张某和刘某勉强达成协议，但张某和刘某原本还算友好的邻里关系不复存在。5 月 20 日 10 时许，刘某至派出所报案称，张某威胁自己的人身安全，并向自己家门口泼油漆及损坏门口的监控探头。接报后，社区民警三次前往张某和刘某家开展调解工作，均未果。

同年 8 月 30 日，社区民警再次调解时，刘某明确表示拒绝接受调解，要求公安机关追究张某的法律责任，但好心的社区民警依然认为调解处理比较妥当，故未作出行政处罚的决定。10 月 20 日，原告刘某一纸诉状将公安机关告上法庭。法院开庭审理后，判决原告刘某胜诉，要求派出所自判决生效 10 日内对原告 5 月 20 日报警的治安案件依法作出决定。法院如此判决的重要理由是：尽管派出所认为从 5 月 20 日起对双方当事人开展四次调解工作，但未有调解笔录和调解协议书证明公安机关自受理治安案件后开展调解工作，因而超过最长 60 日的办案期限，违反法定程序，故公安机关败诉。

如果刘某未将公安机关诉诸人民法院，相信不少民警对该纠纷及派出所的处理方式并不陌生，甚至习以为常。类似的治安案件在基层派出所屡见不鲜，很多在短时间内或当天就能有效化解，然而有普遍必有例外。经验丰富的办案民警会对此类纠纷采取“冷处理”的方式，待当事人情绪冷静平复以后，调解效果往往事半功倍。但其弊端也很明显，容易造成执法超期。

治安案件发生后，按照《治安管理处罚法》第 99 条第 1 款的规定，公安机关办理治安案件的期限，自受理之日起不得超过 30 日；案情重大、复杂的，经上一级公安机关批准，可以延长 30 日。即治安案件的办理期限最长 60 日。若案件符合《治安管理处罚法》第 9 条的规定调解处理，则该案的办案期限就按照《公安机关办理行政案件程序规定》第 185 条第 2 款的规定，从调解未达成协议或者调解达成协议不履行之日起开始计算。即调解时间不计入办理治安案件的期限。公安部如此规定应是考虑到调解案件比较耗时耗力，若采用公安机关受理该案起即开始计算时间，对调解未达成协议或达成协议不履行而使用处罚程序的案件期限容易超过 30 日甚至 60 日。为了保障公安机关依法维护社会治安，综合考虑治安调解实践中遇到的现实困难才作出了该款规定。

上述规定对治安调解的执法期限规定相对宽松，给予办案民警充足的调解时间，但在程序上对办案民警也有要求，以防办案民警无限延长调解时间。而在实务工作中，总有一些办案民警在调解期间不遵守法律规定的程序要求而使某些案件久处不决，导致当事人对公安机关不满，引发信访、投诉、行政复议和行政诉讼等行为，此时公安机关若不能拿出调解工作的有效证据，就可能面临败诉等后果，将对公安机关的形象造成负面影响。因此，为了能有效地调解治安纠纷，也为了保证治安调解不超期，避免在诉讼的时候处于被动地位，保护好办案民警自身，笔者提出以下几点建议：

一、注明调解意愿

治安案件的办理期限最长为 60 日，治安案件一旦以调解处理，其办理期限就从调解未达成协议或者调解达成协议不履行之日起开始计算。二者的办案期限之所以不同，区别就在于治安案件是否以治安调解处理。而治安案件是否以治安调解处理，标志是双方当事人是否自愿接受公安机关调解处理。而实务工作中，很多治安案件发生后，公安机关着手调查取证工作，双方当事人虽有调解的意愿，但在笔录等卷宗上缺少询问当事人是否愿意接受调解的过程。如果案件进入行政诉讼阶段，公安机关就不易证明案件进入过调解阶段，而造成被动。因此，治安案件发生后，对于符合治安调解条件的治安案件，应当在笔录上注明当事人是否接受调解的意愿，以表明治安案件进入过调解程序。

二、及时鉴定

《治安管理处罚法》第 99 条第 2 款规定，为了查明案情进行鉴定的期间，不计入办理治安案件的期限。这里的鉴定期间，是指公安机关提交鉴定之日起至鉴定机构作出鉴定结论并送达公安机关的期间。由于鉴定的类别不同，鉴定机构需要的鉴定时间也不同。比如，有些伤情鉴定，需要被害人治疗临床结束后才能得出伤情鉴定结论，而有些价值鉴定可能只需几日即可。而实务工作中，有些治安案件发生后当事人有调解的意愿，办案民警却不够重视，不按照鉴定的程序依法鉴定，拖延履行，耗费办案期限。因此，一旦治安案件有鉴定需要的，要及时通知、督促当事人进行伤情鉴定或价值鉴定，并及时通知鉴定的意见，防止不依据鉴定结论，无谓地超出办案期限。

三、严格控制调解次数

《公安机关治安调解工作规范》第 9 条规定，治安调解一般为一次，必要时可以增加一次。对一次调解不成，有必要再次调解的，应当在第一次调解后的 7 个工作日内完成。上述规范规定了治安调解次数，也就是说，治安调解的次数最多为两次。笔者认为，之所以对调解的次数有明确的规定，规范制定者的目的应是防止办案民警无限制的调解，造成久拖不决，提高工作效率，避免当事人的不满。实务工作中，对于一些案情比较复杂或当事人暂时难以达成协议的治安纠纷，两次往往是难以使双方当事人达成协议的，而是需要公安机关多次调解才能实现解决纠纷的目的。这在基层派出所是普遍现象，也是惯用的办法，以达到稀释当事人的情绪、将大事化小的目的。但是，如果多次调解还未达成协议，而当事人一旦对公安机关提起行政诉讼，公安机关就可能面临不利的风险。因此，办案民警只能按照法律的规定，严格控制调解次数。

四、制作调解笔录和调解协议书

实务工作中，一些一时难以调解的治安纠纷，个别办案民警会多次调解，但只在治安案件发生后进行询问笔录，而后的每一次调解没有任何记录。此外，《公安机关办理行政案件程序规定》第 185 条第 2 款规定，调解案件的办案期限从调解未达成协议或者调解达成协议不履行之日起开始计算。实质上该规定间接地要求，即便调解失败也要有调解协议书，但对于调解失败后的协议书，往往不能引起办案民警的重视，只会在最后一次调解失败或者调解成功之时制作调解协议书。笔者建议，对于每一次的调解工作，不论是否达成调解协议，公安机关都要制作调解笔录和调解协议书（必要时可以采用录音等方式证明调解过程），以客观地反映当事人的每一次调解意愿和调解工作开展情况，确保一旦引发行政诉讼，公安机关将调解期限扣除，不计入办案期限的主张有证据证明。

五、及时实行公告制度

在实务工作中，个别治安案件中的违法行为人接受询问后，因一些其他证据需要进一步取证核实，补充完善，如伤情鉴定、被损坏物品鉴定、其他证人证言等，只能让违法行为人先行离开等候后续处理通知。而调查取证结束后进入调解环节时或在调解间隔，行为人却联系不上，办案民警又不采用公告制度，也不告知被害人，致使调解期限过期。因此，一旦出现行为人在进入调解环节时或在调解失败后联系不上的情况，公安机关要及时公告行为人，并告知被害人，避免发生诉讼时处于被动局面。

六、及时收集证据

《公安机关治安调解工作规范》第5条规定，治安调解应当依法进行调查询问，收集证据，在查明事实的基础上实施。而一些办案民警认为，一旦治安案件当事人同意调解处理，最终都能够妥善地将矛盾化解。实际工作中，有经验的办案民警确实极少调解失败。在长期的自信下，一些办案民警容易丧失对取证工作的敏感性而疏于这项重要的工作。而一旦有极个别的治安纠纷调解不成，一些重要的证据可能就不复存在。此时再想进行行政处罚，便有事实不清、证据不足的现象，形成疑难案件，致使调解工作久拖不决，超过办案期限。此时一旦当事人提起行政诉讼，就容易因为调解超期而不利。因此，想要掌握调解的主动权，就不能无限超期，而取证很重要。

第十节　协议当场不履行“后患无穷”

王某和李某系同事，因工作中的琐事发生争议后互殴，王某报警。经验伤，王某构成轻微伤。事后，在单位领导的教育下，双方当事人均认识到自己的过错，主动请求公安机关调解处理。办案民警认为，李某的违法行为因王某而起，且李某认错态度较好，符合《治安管理处罚法》第9条可调解之规定。经协调，李某愿意赔偿王某人民币2000元，此事便一笔勾销。在派出所，李某因身边现金（有人可能认为，可采用微信支付，但笔者认为支付宝、微信等支付方式只是提高了履行的速度，但未必能解决履行这一根源问题）不够希望次日上班时履行，王某同意，并在调解协议书上注明履行期限和地点。但第二日，李某认为王某伤势轻微拒绝赔偿2000元人民币，只肯赔偿1000元，为此双方当事人再次发生纠纷。

如上述案例中一方当事人在签订履行协议内容期间发生变数的情况，相信基层民警并不陌生。事实上，绝大多数治安纠纷当事人会选择在签订协议后当场履行协议的内容，将治安纠纷彻底解决，但也存在部分当事人另约履行时间和地点的情况。在公安实务工作中，双方当事人达成的调解协议书的确具有一定的法律效力，但公安机关对协议的履行并没有强制执行的权力，以致在履行过程中存在诸多变数，“后患无穷”。笔者通过在基层工作中总结的教训发现，除了确因客观条件受限，务必要求当事人在达成履行协议后当场履行，避免像开头的案例那样事后节外生枝。而对于非当场履行的协议易出现的问题，笔者通过四个方面加以归纳并提出解决对策，供同行参考。

一、过期不履行

纠纷当事人在公安机关的主持下达成调解协议后会在《现场治安调解协议书》中约定履行期限和内容，有经验的民警会促使双方当事人当场履行协议内容，以绝后患。事实上，非当场履行的治安纠纷多数也能在履行期限内完成协议内容，但个别当事人一旦脱离公安机关行政处罚的威慑力，就将自己的责任抛到九霄云外，而伺机推脱责任，或认为协议内容对自己不公而拒绝履行，或确因客观原因无法履行，导致双方当事人矛盾再起。在这种情况下，办案民警要提醒当事人及时履行协议，并告知当事人违约的法律后果，促使协议内容及时履行。对明确表示不愿意履行协议内容的当事人，要依法对违反治安管理的行为人进行行政处罚。

二、履行不充分

对于治安纠纷的协议内容，公安机关会提出合理的建议，但最终的决定权还是在双方当事人手上。由于协议的达成缺乏规范的制度制约，使得协议的内容千差万别。如，在实务工作中会出现只挨了一拳头却索赔 20000 元甚至更多的情况。而违法行为人之所以会接受对方当事人这种不合理的协议内容，主要是畏惧行政处罚。然而，一旦当事人脱离公安机关行政处罚的威慑力，其会认为协议的内容对自己不公平，只愿意履行其认为合理的部分。此时，办案民警要及时了解情况，督促其要有契约、诚信精神而履行协议的全部内容，讲明其为自己的过错所承担代价的原因。对于坚决拒绝完全履行协议内容的当事人只能按照法律的程序对其进行行政处罚，而对于民事争议部分，要告知另一方当事人依法向人民法院提起民事诉讼。

三、反悔协议

多数情况下，双方当事人对于协议内容的协商无非金钱的赔偿数额，却也有个别当事人对对方当事人赔礼道歉的态度比较在意。一些当事人在达成协议的过程中因畏惧公安机关的行政处罚而假装认错，态度诚恳，而一旦离开公安机关便

“原形毕露”，用过激的语言刺激对方或故意挑衅，使得受害方在精神上有被欺骗之感而反悔协议内容，转而要求公安机关处罚对方当事人。在这种情况下，办案民警应及时查明原因，对态度不诚恳的当事人严厉批评并告知其反悔的后果，促使当事人诚恳道歉，保证协议的顺利履行。

四、变本加厉

除了上文提到的某些当事人利用自己受害的“优势”向对方漫天要价的情况，也存在一些当事人当场达成以社会通常的标准衡量较合理的赔偿协议，但事后可能在某些专业人士的“唆使”或“指点”下反悔的情况，认为自己应该获得更多的赔偿而变本加厉。此时，办案民警若不及时劝说当事人放弃不合理或不切实际的要求，容易导致对方难以履行协议。如果受害方不能履行协议，则只能对加害方予以行政处罚，民事赔偿部分也随之转到人民法院进行民事诉讼。民事诉讼往往会耗费当事人大量的时间和精力，且很有可能达不到自己的预期，得不偿失。一般情况下，当事人在明确利害关系以后，则会三思而行。而对那些执意要对方天价赔偿的当事人，公安机关不应予以支持，拒绝调解处理，及时对违法行为人依法进行行政处罚，以免产生较大的社会负面效果。

第二章　民间纠纷调解实务

第一节　调解民间纠纷是否有法可依

——解读《人民警察法》第 21 条

砖桥警务室接许某报警称，其与邻居因琐事争吵，希望社区民警给予调解。接警后，民警赶到现场，经了解得知：许某去年新搬来的邻居冯某，在安装下水管道的过程中未与许某协商，擅自将管道安装在许家窗户旁。许某认为冯某占用了公共面积，双方因此多次发生口角。社区民警实地查看现场，并在认真了解双方当事人的想法后积极劝导、协调，双方最终解开心结并达成协议，纠纷得以化解。

调解上述邻里纠纷，对基层派出所的社区民警来说是一件司空见惯、平淡无奇的工作。在公安派出所受理的各类纠纷中，除了邻里纠纷，还有婚姻、家庭、债务、买卖、劳资、司乘、工伤等各类纠纷，公安机关将之统称为民间纠纷。据笔者对 D 派出所案事件系统查询统计，仅民间纠纷占报警总量的 30%左右。众所周知，公安机关化解民间纠纷，为百姓节约了大量的时间和精力，有效地避免了矛盾进一步升级，为社会的稳定和谐作出了重要贡献，也受到领导的重视与社会的广泛关注。

虽然公安机关调解了大量的民间纠纷且意义十分重大，但目前为止还没有专门的法律法规对这项工作作出十分明确而具体的规定，仅有一个充满争议、模糊的法条规定。《人民警察法》第 21 条规定，对公民提出解决纠纷的要求，应当给予帮助。那么，上述规定中的“纠纷”是否指民间纠纷呢？公安机关调解民间纠纷应遵循哪些原则？公安机关调解民间纠纷可否制作协议书？这些争议的问题往往因模糊不清的规定，导致民警对遇到的民间纠纷出现不同的理解，易使执法过程中出现诸多问题。鉴于此，笔者试图对上述问题提出自己的见解。

一、公安机关调解民间纠纷应遵循哪些原则

笔者认为，公安机关调解民间纠纷应该遵循以下几个原则：（1）自愿原则。公安机关调解民间纠纷应在双方当事人自愿的基础上进行，并且协议内容的达成及达成协议后的履行均要体现双方当事人真实的意思表示。（2）依法原则。公安机关调解民间纠纷应当按照国家法律法规的相关规定进行，双方当事人达成的协议内容不能违背法律、法规和国家政策。（3）公正原则。公安机关调解民间纠纷应当以事实为依据，具体问题具体分析，力争提出客观的调解意见，不得偏袒任何一方当事人。（4）公开原则。公安机关调解民间纠纷应当公开进行，涉及国家机密、商业秘密或者个人隐私以及双方当事人都要求不公开的除外。（5）教育原则。公安机关调解民间纠纷应向当事人释法说理，最终实现教育当事人依法解决问题的目的。

二、公安机关调解民间纠纷以几次为宜，地点在哪

笔者认为，公安机关调解民间纠纷的次数以一次为宜，特殊情况下可增加一次，且尽可能在纠纷现场化解。这样做的原因是，公安机关所承担的工作量繁重，基层警力紧缺，如果因调解民间纠纷而耗费太多的警力和精力，则会影响到公安机关打击违法犯罪的主要职责。当前，承担化解民间纠纷职责的主要单位是人民调解委员会和人民法院，公安机关以从属为宜。

三、公安机关调解民间纠纷可否制作协议书

实务工作中发现，多数民间纠纷争议的焦点都不大，基本上能在现场达成口头协议。而对于争议较大的民间纠纷，在公安机关的调解下，部分民间纠纷被调解成功，会出现当事人要求公安机关制作协议书的情况。对此，笔者认为，公安机关不宜制作调解协议书。因为对双方当事人达成一致的协议，如有当事人拒绝履行，公安机关没有强制执行权，协议书将变成一纸空文。此时，如果是在公安机关的主持下签订协议书，那么可能对公安机关的权威和公信力造成一定的负面影响。因此，笔者不赞成在公安机关的主持下制作调解协议书。当然，公安机关也不能阻止双方当事人自行签订协议书。

四、公安机关调解民间纠纷是否有法可依

对于这个问题，由于目前法律法规并没有明确规定而出现以下两种观点：一

种观点认为，依据《公安机关办理行政案件程序规定》第178条和《公安机关治安调解工作规范》第3条“对不构成违反治安管理行为的民间纠纷，应当告知当事人向人民法院或者人民调解组织申请处理”之规定，公安机关对民间纠纷不具有调解的权力，调解民间纠纷属于人民法院和人民调解委员会的职责范围。另一种观点则认为，《人民警察法》第21条“对公民提出解决纠纷的要求，应当给予帮助”的规定就是公安机关调解民间纠纷的法律依据。但实务中对该观点存在两点质疑：一是法条中的“纠纷”定义模糊，狭义理解为“民间纠纷”未免不准确，故不能直接作为执法依据；二是“帮助”和“调解”定义有别，不可混为一谈。

对此，笔者依然赞成第二种观点。理由如下：其一，以D派出所为例，经案事件系统查询，民间纠纷占报警总量的20%左右，说明公安机关在实务工作中调解大量的民间纠纷是不争的事实。其二，当前公安机关调解的纠纷可以分为两大类：民间纠纷与治安纠纷。《人民警察法》第21条中的“纠纷”是一个比较抽象、概括的概念，笔者认为该法条中的“纠纷”具体来说就是指上述两类纠纷。因此，民间纠纷应属于公安机关的调解范围之内。其三，《公安机关办理行政案件程序规定》和《公安机关治安调解工作规范》均是普通的规范性文件，而《人民警察法》是法律，根据上位法优于下位法的原则，对于纠纷的规定，《人民警察法》无疑是公安执法的首要依据。其四，对于立法时为何用“帮助”而非“调解”，笔者认为“帮助”的范围更宽泛灵活，“帮助”既可以告知当事人解决纠纷的途径或直接将纠纷移交至人民调解委员会等相关部门，也可以是调解，还可以在调解未果的情况下为当事人固定证据等。因此，“帮助”更符合立法精神与公安基层的实际情况。其五，“应当给予帮助”中的“应当”从理论上讲，属于义务性规定，是公安机关必须履行的职责，不可选择，更不能推脱。综上，笔者认为，《人民警察法》第21条即是公安机关调解民间纠纷的法律依据。

第二节　“帮助”公民解决纠纷，除了调解还有哪些形式

——解读《人民警察法》第21条

某日，顾客小陈在某商城老板王某处购买了一台笔记本电脑，回家三天后发现电脑有质量问题，遂要求王某调换。王某检查电脑后认为电脑质量没问题，拒

绝了小陈的要求。二人为此发生争议产生口角，小陈报警。处警民警了解情况后，提出了解决方案，但双方当事人因争议较大均不肯做出让步，调解失败。为避免矛盾进一步升级，民警告知小陈拨打消费者协会电话投诉王某，或去人民法院起诉王某。小陈表示认可。

试问，处警民警对该买卖纠纷（公安机关一般将其称为民间纠纷）的处理方式是否妥当？让我们先看看法律的规定。《人民警察法》第21条规定，对公民提出解决纠纷的要求，应当给予帮助。即公安机关应对小陈和王某的买卖纠纷给予帮助。那么，该民警调解失败后告知当事人解决问题的途径算是给予当事人帮助了吗？这是基层民警经常遇到的一个问题。对此，不同的民警会对“帮助”有不同的见解，而不同的见解往往导致不同的民警对于类似的民间纠纷会有截然不同的处理方式，其结果也会大相径庭。因此，对于这个问题展开探讨显得十分有必要。对此，笔者结合自身调解民间纠纷的经验，也谈谈帮助公民解决纠纷，除了调解，还有哪些形式。当然，笔者的观点未必合理，权当抛砖引玉。

一、调解优先

民间纠纷发生后，当事人报警求助的最大期望无疑是请求公安机关化解矛盾，实现自己的利益诉求。因此，公安机关一经受理，就应做好调解准备，将调解作为解决纠纷的首要处理方式，尽可能地就地化解矛盾，因为民间纠纷以鸡毛蒜皮的琐事为主，处警民警如能提出合理的解决方案，多数是能当场解决的。可能会有人对此提出质疑，认为公安基层工作异常繁忙，调解优先是不切实际的。笔者认为，公安机关既然受理了民间纠纷（公安机关因种种原因受理了很多本该由人民调解组织受理的民间纠纷），就应认真处理，不可敷衍了事。很多民间纠纷并没有我们想象得那么复杂，故应率先做出调解尝试。当然，调解只是“帮助”方式中的一个重要选项，不排除内容确实复杂不适合调解的民间纠纷，或民警已然尽己所能给出合理的调解方案却不受当事人认可的，公安机关则须及时放弃调解。

二、告知当事人解决纠纷的途径

对于上述所言内容复杂不适合调解或当事人并不认可民警提出的调解方案，使得公安机关应放弃调解的纠纷，民警应及时告知当事人去相关部门解决。如本文开头的案例，处警民警在调解失败后告知小陈打消费者协会电话投诉王某或去人民法院起诉王某，便是帮助了当事人。笔者在实务工作中发现，某些当事人法律意识十分淡薄，他们认为公安机关可以解决所有纠纷，报警求助是因为他们只知道“有困难找警察”。此时，向当事人普及法律知识，指明解决纠纷的正确途径便完成了对当事人的“帮助”。对调解不成或根本不具有调解可能的民间纠纷，公安机关告知当事人纠纷的解决途径看似微不足道，但对卷入纠纷后不知所措的当事人来说，无疑就是很大的帮助，能有效地避免当事人少走弯路。

三、直接联系或移交相关部门

对公安机关受理的民间纠纷，部分通过调解直接予以化解，部分通过告知当事人合法途径转移至其他部门，但一定存在调解不了或不具调解可能的纠纷当事人，并不是按照公安机关告知的途径而离开纠纷现场，而是不断报警求助公安机关，或有意无意地将民间纠纷升级为轻微的治安案件，使公安机关陷入反复出警的怪圈。对此，笔者认为，针对此类民间纠纷，公安机关应本着为民服务的理念，联系纠纷的主管部门或直接将纠纷移交相关部门处理。这种方式无疑也是一种“帮助”。如此处理看似难以理解，但在纠纷发生后其他主管部门第一时间时有缺位的情况下，是避免矛盾进一步升级、减少后续执法成本的理性选择。

四、帮助当事人固定证据

笔者认为，对于内容复杂公安机关调解不成或不能调解，证据又易灭失的民间纠纷，应视具体情况帮助当事人固定证据。也许有人会认为，对涉嫌违反治安管理或刑事的案件公安机关才应固定证据，要求日常工作繁忙的基层派出所固定民间纠纷的证据未免小题大做，自找麻烦。虽然笔者在理论上十分理解上述观点，但实务工作对公安机关的要求显然更多。理论与现实总是有差异的，而我们公安机关执法首先得面对现实。比如，当事人在歌厅唱歌，因包厢有水渍不慎滑倒摔伤致轻微伤，派出所调解不成告知当事人诉诸法院。至此，公安机关的工作是不是结束了？笔者认为不是。如果不为当事人出具验伤单鉴定伤势（这里是指医院的验伤，并非专业的鉴定机构出具的伤势报告），在法院立案之前当事人的伤势也许就不复存在了。如此，矛盾的焦点可能会转移至公安机关的身上。因此，为了更好地服务人民，也为了更好地保护自己，对于内容复杂调解不成或不能调解，证据又易灭失的民间纠纷，公安机关在必要的情况下可以通过笔录、验伤、视频等方式帮助当事人固定一些基本的证据，方便后续相关部门或当事人解决纠纷之需。

第三节 调解民间纠纷介入到何种程度为宜

——解读《人民警察法》第21条

《人民警察法》第21条规定，对公民提出解决纠纷的要求，应当给予帮助。对上述规定中的“帮助”该作何理解？笔者在《“帮助”公民解决纠纷，除了调解还有哪些形式?》一文中论述了四种“帮助”方式，其中调解是公安机关帮助公民解决民间纠纷的重要形式之一。然而，实务工作中，民警对民间纠纷的调解，在介入程度上有时不易把握好那个“度”，或将调解工作简单化，或将调解工作复杂化，引起当事人不满，甚至导致矛盾升级，产生负面的社会影响。鉴于公安机关在调解民间纠纷过程中扮演角色的重要性，笔者将结合案例提出两种调解民间纠纷没有把握好“度”的情形，最后再探讨公安机关调解民间纠纷介入到何种程度为宜。

一、涉嫌不作为

学生薛某在某培训学校的宣传鼓动下，当场签订了一份有瑕疵的合同。后薛某找学校要求退还学费，遭校方推托，双方遂发生纠纷，薛某报警。民警到场后，经简单了解便认定该纠纷为经济纠纷，警方无权处理。民警离开后，校方愈加嚣张，双方闹得不可开交。薛某一怒之下，纠集几个同学将学校负责人殴打致轻微伤并损毁部分财物，矛盾升级。笔者认为，该纠纷系经济纠纷固然不假，按照《关于严禁越权干预经济纠纷的通知》的规定，民警确实不能主动干预经济纠纷，但从基层公安机关执法实际来看，在征求双方当事人同意的前提下，提出解决纠纷的方案并不等同于干预经济纠纷。类似的变通处理方式在基层公安并不少见。可能会有民警认为，调解经济纠纷实属吃力不讨好之事，稍有不慎就会将矛头指向自己，能推则推。

笔者认为，这样的处理方式涉嫌不作为。对于民间纠纷，民警应首先询问当事人是否有调解意愿，若双方当事人均愿接受调解，公安机关应尽最大努力将矛盾化解在现场；若不能化解，则告知双方当事人通过合法途径解决；若既不愿接受调解又不愿通过合法途径解决的，要告知当事人可能面临的后果。如此，即使纠纷不能化解，也会很大程度上降低矛盾升级的可能性。

二、涉嫌越权

某下雨天，位于二楼的超市水管破裂致一楼歌厅办公室大量积水，且数间包房不能正常营业，损失较大。双方老板就赔偿金额发生较大分歧，于是报警。民警当场调解失败后，将双方当事人带至派出所再次展开调解，双方仍未达成一致意见，超市老板明确表示要通过诉讼解决该纠纷。民警却执意认为，调解双方当事人的民间纠纷是公安机关职责所在，应负责到底。于是，该民警的好心之举却引起了超市老板的强烈不满，认为其可能有不正当的目的，欲投诉民警。

笔者认为，虽然《人民警察法》第21条规定，对公民提出解决纠纷的要求，公安机关应当给予帮助，但并未规定调解不可或缺，无果不可。该案中，超市老板表示放弃调解时，系其真实意思表示，此时民警执意调解便有越权之嫌。笔者认为，对当事人任何一方在任何阶段明确表示不愿接受调解或在调解过程中未能达成协议或达成协议后拒绝履行的情况，公安机关要及时“收手”放弃调解，切不可强迫当事人接受调解，更不可强迫当事人履行协议内容。

三、介入的程度适宜、到位

货车司机刘某受老板甄某委托运送一批钢材至贸易市场老板王某处，因双方老板、司机、搬运工均系熟人，货物运到后，各方均未对钢材及单据进行清点核对。后发现钢材短缺，估值3000元。三方均认为己方无过，错在他方，遂发生争执，刘某报警。民警了解情况后发现当事人之间说辞不一，且现场既无监控也无证人，于是提出一个折中的解决方案，但刘某认为自己无过错，不愿承担任何责任，调解失败。由于当事人情绪激动，民警预判矛盾有升级的可能，遂将当事人带至市场管理部处理。后市场管理部按照行规处理，矛盾得以妥善解决，当事人均表示满意。

笔者认为，该民警虽未能化解纠纷，但其很好地落实了《人民警察法》第21条“公安机关应当给予帮助”的精神，对民间纠纷介入的程度适宜、到位，灵活地利用第三方优势完美地化解了多方矛盾。事实上，实务工作中无论民警如何尽心尽力，也无论民警调解水平多高、经验多丰富，总有不少民间纠纷在公安机关那里是不可能得到解决的。此时，若当事人无过激言行并表示愿意通过合法的途径解决，公安机关可就此结束对纠纷的调解；若纠纷未调解成功，又有矛盾升级的可能，公安机关应视具体情况告知当事人解决纠纷的合法途径或在双方自愿的前提下将纠纷移交给人民调解组织等第三方处理。这样，当事人之间的矛盾再次升级的可能性就大大降低了。

第四节　公安机关可以调解经济纠纷吗

日前，《闽西日报》报道了一篇题为《妥善化解百万经济纠纷》的新闻。简述如下：某公司和某施工方签订工程合同，工程已进入收尾阶段，尚有余款 140 万元。施工方催款，公司方表示要对工程造价重新鉴定后方可结算，施工方认为公司故意拖延时间不肯付款，于是提起诉讼，法院调解未果。后施工方组织 10 余名工人在公司门口采用拉横幅、封堵大门、聚众闹事的过激方式维权，群体性案件一触即发。公司方报警。对此，属地派出所先是进行法制宣传，将双方大部分人员劝离现场，然后组织双方代表就工程款进行协商。经过调解，双方代表最终就工程款达成协议。事后，双方当事人对派出所及时妥善的处置表达了感激之情。

上述纠纷为典型的经济纠纷（确切地讲是建设工程合同纠纷，公安机关一般称之为民间纠纷），属地派出所的调解行为非但没有受到双方当事人的非议，反而受到他们的好评，显然是一件值得报道的事情。事实上，类似该地派出所调解经济纠纷绝不是个案，可以说在公安实务工作中比比皆是，其意义在于不仅能快速解决当事人的利益诉求，还能避免矛盾进一步升级，维护社会的稳定。但有人会对此提出反对意见，认为公安机关不能调解经济纠纷，此举有干预经济纠纷之嫌。理由是，违反了 1989 年、1992 年、1995 年公安部先后发布的《公安部关于公安机关不得非法越权干预经济纠纷案件处理的通知》《公安部关于严禁公安机关插手经济纠纷违法抓人的通知》和《公安部关于严禁越权干预经济纠纷的通知》三个通知的精神。

那么，公安机关到底能不能调解经济纠纷呢？笔者认为，不能一概而论，需要具体情况具体分析。实务工作中，个别公安机关或民警为一方当事人追款讨债或为本地方、某部门的经济利益，在明知系经济纠纷的情况下，主动将其立为诈骗案件，采用违法手段强行抓人，以达到还款的目的。如此不仅侵犯了公民人身权利和财产权益，还造成了极坏的社会影响。正是在这样的背景下，公安部连续出台上述三个通知以遏制个别公安机关或民警干预经济纠纷的不正之风，以致个别公安机关或民警为此受到处分等代价，但同时也给绝大多数公安机关及民警带来了触及“红线”的担忧，将一切经济纠纷拒之门外。

对于上述从主动干预到完全拒绝的现象，笔者认为，这是从一个极端走向另一个极端，有矫枉过正之嫌，都不可取。理论上，三个文件并没有明确否认公安机关可以调解经济纠纷的可能性。实务工作的现实告诉我们，公安机关也不可能完全无视一切经济纠纷。因此，公安机关是否可以调解经济纠纷应该辩证地看待。鉴于此，笔者认为，在当事人不愿去人民调解部门或人民法院诉讼的情况下，只要是经济纠纷双方当事人主动提出，公安机关在合法合理的前提下从维护百姓利益，避免矛盾升级、维护社会稳定的目的出发，完全可以被动地调解经济纠纷。

当然，公安机关调解经济纠纷，应当要把握好自愿原则。自愿原则，是指双方当事人主动要求公安机关调解，对于协议的达成和履行，必须是双方当事人自由协商和自愿履行。具体如下：首先，双方当事人必须有主动要求公安机关调解的真实意思表示，缺一不可。如果双方或一方当事人拒绝接受调解，或者在调解过程中任何阶段表示放弃的，公安机关应立即中止调解。其次，公安机关不能主动以维护社会稳定为由要求双方或一方当事人接受调解，更不能以部门的私利强迫双方或一方当事人接受调解。最后，调解协议内容中对双方当事人权利和义务关系的设立、变更或终止必须是双方当事人自己协商的结果，公安机关不能将自己的意志强加给双方或一方当事人，最多只能给予合法合理的建议。如果双方或一方当事人在协商的过程中就内容发生分歧不再继续，调解应立即中止；如果协议达成后，双方或一方当事人拒绝履行的，公安机关也不能强迫当事人履行。

第五节 常见民间民事纠纷之法律规定

张某到某汽车4S店处订购了一辆轿车，预付定金8000元，但次日张某反悔，要求陈某退还定金遭拒。于是，张某连续三天下班后去4S店吵闹，4S店负责人陈某不堪其扰而报警。对此，处警民警认为张某没有契约精神，违反《民法典》的相关规定，理应为自己的违约付出代价，陈某不予退还张某定金是合法的。但鉴于张某的行为会影响4S店的生意，处警民警遂劝说陈某退还张某部分定金。经综合考虑实际情况，陈某采纳了民警的提议，矛盾得以化解。

该案中，民警的调解建议显然违反了《民法典》的相关规定，但该纠纷被成功化解是不争的事实。根据笔者调解大量民间纠纷的工作经验来看，如果一板一眼、不折不扣地按照法律的规定给出调解建议，则多数民间纠纷是难以成功调解的。实际工作中，还需具体问题具体对待。调解建议是否完全合法并不是首要的，双方当事人均认为调解建议符合自己的利益，并能满意地接受该建议才是"王道"。笔者认为，法律不过是解决社会纠纷的一个重要途径，并不是唯一，事实上就算是法律的规定，不少也是利益妥协的结果。

那么，根据上述逻辑，民警调解民间民事纠纷还需具备一些相关的私法知识吗？笔者认为，虽然调解建议可以不完全依据法律的规定，但民警须具备一定的私法知识是毋庸置疑的。也就是说，民警首先得知道或大致知道受理的民间纠纷按照法律的规定该如何处理，然后再根据实际情况提出双方当事人均能认可的调解协议。民警若不具备一定的私法知识，则容易导致调解失败或出现明显违法的调解。以本文开头纠纷为例，笔者怀疑，若该民警仅以张某的吵闹对 4S 店生意造成影响为由提议陈某退还部分定金，而未从法律上支持陈某，则有可能会引起陈某的反感与不满，导致调解失败。

一、民警需要掌握常见的民法知识理由分析

为更好地调解民间纠纷，基层民警具备一些相关私法知识是很有必要的。或许有人认为，按照《人民警察法》第 6 条人民警察的职责分工规定，基层民警掌握《刑法》《治安管理处罚法》等公法知识才是必须的，学习与具备相关常见民法知识实乃吹毛求疵。对此，笔者浅谈三个理由以支持自己的观点。

（一）公安机关有义务帮助公民解决民间纠纷

《人民警察法》第 21 条规定，对公民提出解决纠纷的要求，应当给予帮助。上述法条中的"纠纷"作何解释呢？在基层公安实务中主要有两类纠纷：民间纠纷和治安纠纷。笔者认为，法条中的"纠纷"包括上述两类纠纷，故公安机关有责任和义务帮助公民解决民间纠纷（具体论述参见本书中的《调解民间纠纷是否有法可依》一节）。而"帮助"主要有调解、移交、告知途径、固定证据四种方式（具体论述参见本书中的《"帮助"公民解决纠纷，除了调解还有哪些形式》一节）。因此，帮助公民解决民间纠纷是公安机关的一项重要工作。尤其是调解民间纠纷，基层民警应该具备一些常见民法知识，否则难以提出令当事人认可的协议，或者会出现大面积的违法现象。

（二）调解治安纠纷的需要

《治安管理处罚法》第 9 条规定，对于因民间纠纷引起的打架斗殴或者损毁他人财物等违反治安管理的行为，情节较轻的，公安机关可以调解处理。表面看，该法条主要规定公安机关调解治安纠纷，与基层民警是否应具备相关常见的

民法知识并无直接关系。而实质上，民间纠纷往往是治安纠纷的根源。如果民警仅针对治安纠纷本身去调解，则为治标，结果是难以化解治安纠纷，或者即使勉强化解了治安纠纷，还有因民间纠纷未能化解的根子导致再次发生违法行为的可能性。因此，笔者认为，民警只有先调解好引起治安案件的民间纠纷，治安纠纷才能快速而彻底地化解。而想要调解好民间纠纷，基层民警具备一些常见的民法知识是必须的。

综上所述，无论是针对民间纠纷本身，还是为更好地调解治安纠纷，基层民警都应具备一些常见的民法知识。然而现状是，不少基层民警对《治安管理处罚法》《刑法》等公法知识较为熟悉，对《民法典》等私法知识储备不足。这样的问题，容易导致的后果是基层民警调解能力不足，不能成功调解纠纷，甚至不能正确地告知当事人找到解决纠纷的相关部门。矛盾不能化解，易使当事人误认为民警不作为，而将矛头对准公安机关，影响公安机关为民服务的良好形象。

二、常见民间民事纠纷之法律规定

鉴于此，笔者列举一些《民法典》中公安机关经常处理的民间民事纠纷的法律依据，以供同人参考。在此重申：法律依据在调解过程中是参考，不可生搬硬套机械执行，否则就是司法判决，会降低调解的成功率。

（一）关于相邻纠纷之主要法律规定

1. 关于处理相邻纠纷的原则

《民法典》第 288 条规定，不动产的相邻权利人应当按照有利生产、方便生活、团结互助、公平合理的原则，正确处理相邻关系。

2. 关于排水和通行

《民法典》第 290 条规定，不动产权利人应当为相邻权利人用水、排水提供必要的便利。对自然流水的利用，应当在不动产的相邻权利人之间合理分配。对自然流水的排放，应当尊重自然流向。

《民法典》第 291 条规定，不动产权利人对相邻权利人因通行等必须利用其土地的，应当提供必要的便利。

3. 关于铺设电线、水管

《民法典》第 292 条规定，不动产权利人因建造、修缮建筑物以及铺设电线、电缆、水管、暖气和燃气管线等必须利用相邻土地、建筑物的，该土地、建筑物的权利人应当提供必要的便利。

（二）关于留置纠纷之主要法律规定

1. 关于留置财产

《民法典》第447条规定，债务人不履行到期债务，债权人可以留置已经合法占有的债务人的动产，并有权就该动产优先受偿。前款规定的债权人为留置权人，占有的动产为留置财产。

2. 关于留置财产与债权的关系

《民法典》第448条规定，债权人留置的动产，应当与债权属于同一法律关系，但是企业之间留置的除外。

（三）关于定金、违约金纠纷之主要法律规定

1. 关于定金的数量

《民法典》第586条规定，定金的数额由当事人约定；但是，不得超过主合同标的额的百分之二十，超过部分不产生定金的效力。

2. 关于交付定金后的责任

《民法典》第587条规定，债务人履行债务的，定金应当抵作价款或者收回。给付定金的一方不履行债务或者履行债务不符合约定，致使不能实现合同目的的，无权请求返还定金；收受定金的一方不履行债务或者履行债务不符合约定，致使不能实现合同目的的，应当双倍返还定金。

3. 关于违约金与定金竞合的问题。

《民法典》第588条规定，当事人既约定违约金，又约定定金的，一方违约时，对方可以选择适用违约金或者定金条款。

（四）关于买卖纠纷之主要法律规定

1. 关于标的物风险转移

《民法典》第604条规定，标的物毁损、灭失的风险，在标的物交付之前由出卖人承担，交付之后由买受人承担，但是法律另有规定或者当事人另有约定的除外。

2. 关于标的物质量

《民法典》第610条规定，因标的物不符合质量要求，致使不能实现合同目的的，买受人可以拒绝接受标的物或者解除合同。买受人拒绝接受标的物或者解除合同的，标的物毁损、灭失的风险由出卖人承担。

(五) 关于借款纠纷之主要法律规定

关于借款利息

《民法典》第670条规定，借款的利息不得预先在本金中扣除。利息预先在本金中扣除的，应当按照实际借款数额返还借款并计算利息。

(六) 关于租赁纠纷之主要法律规定

1. 关于租赁期限

《民法典》第705条规定，租赁期限不得超过二十年。超过二十年的，超过部分无效。租赁期限届满，当事人可以续订租赁合同；但是，约定的租赁期限自续订之日起不得超过二十年。

《民法典》第707条规定，租赁期限六个月以上的，应当采用书面形式。当事人未采用书面形式，无法确定租赁期限的，视为不定期租赁。

2. 关于租赁物的维修

《民法典》第712条规定，出租人应当履行租赁物的维修义务，但是当事人另有约定的除外。

《民法典》第713条规定，承租人在租赁物需要维修时可以请求出租人在合理期限内维修。出租人未履行维修义务的，承租人可以自行维修，维修费用由出租人负担。因维修租赁物影响承租人使用的，应当相应减少租金或者延长租期。因承租人的过错致使租赁物需要维修的，出租人不承担前款规定的维修义务。

3. 关于转租

《民法典》第716条规定，承租人经出租人同意，可以将租赁物转租给第三人。承租人转租的，承租人与出租人之间的租赁合同继续有效；第三人造成租赁物损失的，承租人应当赔偿损失。承租人未经出租人同意转租的，出租人可以解除合同。

《民法典》第717条规定，承租人经出租人同意将租赁物转租给第三人，转租期限超过承租人剩余租赁期限的，超过部分的约定对出租人不具有法律约束力，但是出租人与承租人另有约定的除外。

《民法典》第718条规定，出租人知道或者应当知道承租人转租，但是在六个月内未提出异议的，视为出租人同意转租。

(七) 关于物业纠纷之主要法律规定

1. 关于物业费用

《民法典》第944条规定，业主应当按照约定向物业服务人支付物业费。物业服务人已经按照约定和有关规定提供服务的，业主不得以未接受或者无需接受相关物业服务为由拒绝支付物业费。

业主违反约定逾期不支付物业费的，物业服务人可以催告其在合理期限内支付；合理期限届满仍不支付的，物业服务人可以提起诉讼或者申请仲裁。物业服务人不得采取停止供电、供水、供热、供燃气等方式催交物业费。

2. 关于物业合同

《民法典》第946条规定，业主依照法定程序共同决定解聘物业服务人的，可以解除物业服务合同。决定解聘的，应当提前六十日书面通知物业服务人，但是合同对通知期限另有约定的除外。

（八）关于离婚后探望纠纷之主要法律规定

《民法典》第1086条规定，离婚后，不直接抚养子女的父或者母，有探望子女的权利，另一方有协助的义务。

（九）关于侵权责任主体的特殊规定之主要法律规定

1. 关于未成年

《民法典》第1188条规定，无民事行为能力人、限制民事行为能力人造成他人损害的，由监护人承担侵权责任。监护人尽到监护职责的，可以减轻其侵权责任。

2. 关于用人单位

《民法典》第1191条规定，用人单位的工作人员因执行工作任务造成他人损害的，由用人单位承担侵权责任。用人单位承担侵权责任后，可以向有故意或者重大过失的工作人员追偿。

3. 关于公众场所

《民法典》第1198条规定，宾馆、商场、银行、车站、机场、体育场馆、娱乐场所等经营场所、公共场所的经营者、管理者或者群众性活动的组织者，未尽到安全保障义务，造成他人损害的，应当承担侵权责任。

因第三人的行为造成他人损害的，由第三人承担侵权责任；经营者、管理者或者组织者未尽到安全保障义务的，承担相应的补充责任。经营者、管理者或者组织者承担补充责任后，可以向第三人追偿。

4. 关于学校及教育机构

《民法典》第1201条规定，无民事行为能力人或者限制民事行为能力人在幼儿园、学校或者其他教育机构学习、生活期间，受到幼儿园、学校或者其他教育机构以外的第三人人身损害的，由第三人承担侵权责任；幼儿园、学校或者其他教育机构未尽到管理职责的，承担相应的补充责任。幼儿园、学校或者其他教育机构承担补充责任后，可以向第三人追偿。

（十）关于机动车交通事故责任之主要法律规定

1. 关于租赁、借用的责任

《民法典》第1209条规定，因租赁、借用等情形机动车所有人、管理人与使用人不是同一人时，发生交通事故造成损害，属于该机动车一方责任的，由机动车使用人承担赔偿责任；机动车所有人、管理人对损害的发生有过错的，承担相应的赔偿责任。

2. 关于盗窃、抢劫机动车发生交通事故的责任

《民法典》第1215条规定，盗窃、抢劫或者抢夺的机动车发生交通事故造成损害的，由盗窃人、抢劫人或者抢夺人承担赔偿责任。盗窃人、抢劫人或者抢夺人与机动车使用人不是同一人，发生交通事故造成损害，属于该机动车一方责任的，由盗窃人、抢劫人或者抢夺人与机动车使用人承担连带责任。

3. 关于无偿搭车人损害的责任

《民法典》第1217条规定，非营运机动车发生交通事故造成无偿搭乘人损害，属于该机动车一方责任的，应当减轻其赔偿责任，但是机动车使用人有故意或者重大过失的除外。

（十一）关于饲养动物损害责任之主要法律规定

1. 关于饲养动物造成他人损害

《民法典》第1245条规定，饲养的动物造成他人损害的，动物饲养人或者管理人应当承担侵权责任；但是，能够证明损害是因被侵权人故意或者重大过失造成的，可以不承担或者减轻责任。

2. 关于禁止饲养的烈性犬类的责任

《民法典》第1247条规定，禁止饲养的烈性犬等危险动物造成他人损害的，动物饲养人或者管理人应当承担侵权责任。

3. 关于第三人的责任

《民法典》第1250条规定，因第三人的过错致使动物造成他人损害的，被侵权人可以向动物饲养人或者管理人请求赔偿，也可以向第三人请求赔偿。动物饲养人或者管理人赔偿后，有权向第三人追偿。

（十二）关于建筑物和物件损害责任之主要法律规定

1. 关于建筑物、构筑物或者其他设施及其搁置物、悬挂物发生脱落、坠落

造成他人损害的规定

《民法典》第 1253 条规定，建筑物、构筑物或者其他设施及其搁置物、悬挂物发生脱落、坠落造成他人损害，所有人、管理人或者使用人不能证明自己没有过错的，应当承担侵权责任。所有人、管理人或者使用人赔偿后，有其他责任人的，有权向其他责任人追偿。

2. 关于堆放物的责任

《民法典》第 1255 条规定，堆放物倒塌、滚落或者滑落造成他人损害，堆放人不能证明自己没有过错的，应当承担侵权责任。

3. 关于道路施工的责任

《民法典》第 1258 条规定，在公共场所或者道路上挖掘、修缮安装地下设施等造成他人损害，施工人不能证明已经设置明显标志和采取安全措施的，应当承担侵权责任。

（十三）关于劳动争议之主要法律规定

关于劳动争议的处理途径

《劳动法》第 77 条规定，用人单位与劳动者发生劳动争议，当事人可以依法申请调解、仲裁、提起诉讼，也可以协商解决。

《劳动法》第 79 条规定，劳动争议发生后，当事人可以向本单位劳动争议调解委员会申请调解；调解不成，当事人一方要求仲裁的，可以向劳动争议仲裁委员会申请仲裁。当事人一方也可以直接向劳动争议仲裁委员会申请仲裁。对仲裁裁决不服的，可以向人民法院提起诉讼。

第三章 纠纷调解的技巧与方法

第一节 优秀调解人的基本功

从法律上看，纠纷的解决最终须依赖于双方当事人对某项争议达成了一致的协议。然而，很多时候决定双方当事人达成一致协议的并不是双方当事人的协商，而是纠纷调解人从中调解的结果。也就是说，纠纷调解人对协议的达成往往起到关键甚至决定性作用。这也意味着，纠纷调解人若想很好地化解百姓间的矛盾，须具备基本的调解能力。笔者从实务工作中体会到，纠纷调解人应具备以下几方面基本素养和能力。

一、具备基本的法律素养

作为一名纠纷调解人，具备基本的法律素养是毋庸置疑的。调解人只有具备基本的法律素养，才能够正确地使用法律程序展开调解工作，且能预测到解决问题的大致走向。而实务工作中发现，双方当事人的最终协议内容往往是不合法的，尤其是对民间纠纷的调解。对此，有人可能认为，一方面要求纠纷调解人应具备基本的法律素养，而另一方面在公安机关的主持下调解协议往往是背离法律规定的，这似乎是一个矛盾。笔者认为，如果所有的调解协议完全符合法律的规定，也许这种解决纠纷的方式就不是调解而应该是法官的判决。当事人之间之所以有各种类型的矛盾纠纷，多数是利益之争。因此，不管是判决还是调解，最终只要能够大致满足当事人的预期，至于选择哪一种解决方式并不重要。判决更加公平，但相比较调解更耗费时间、精力和金钱，因此想要公平地解决纠纷而又不想耗费较多的时间、精力和金钱往往是很难的。调解很高效，但牺牲一些利益是不可避免的。因此，通过调解达成的协议，稍微背离法律的规定往往也是不可避免的。但是，协议背离法律，并不代表调解人就不需要法律知识，事实上是恰恰相反的，正是因为调解人知道通过法律应该怎样处理的，才能给当事人讲清楚道理算清账，当事人才能信服，调解成功的可能性才会更大。

二、准确判断当事人心理以采用适宜的调解方法的能力

在教育方法上，我们常说因材施教，即教育者要针对不同的被教育者使用不同的方法进行教育。调解纠纷，调解人针对不同性格和气质的当事人使用何种方法进行调解，在道理上大抵如此。心理学上把人的气质分为胆汁质、多血质、粘液质和抑郁质四类。胆汁质的当事人与他人发生纠纷后表现得相对急躁、暴躁，此时调解人切勿被当事人的情绪所影响，应冷静地听其陈述、宣泄，不轻易打断，并表现出对其足够的重视。这类人待其发泄完毕，矛盾往往最易化解；多血质的当事人时常粗枝大叶，对纠纷事实的陈述会前后不一或断章取义，此时调解人不能信以为真，被其左右，而要不断追问，逐步还原真相；粘液质的当事人相对比较实在，但有时又稍欠灵活，甚至死板，此时调解人不能硬调，要及时借用外力；抑郁质的当事人与他人发生纠纷后会显得较为紧张，甚至语无伦次，此时调解人不能急于解决问题，须与之慢慢闲聊，使其逐步冷静，敞开心扉，将调解工作引入正轨。当然，很多时候一个人的性格气质并不是单一的，是多种气质和性格的结合。因此，调解人须细致观察，准确判断当事人的性格气质，及时调整调解策略。

三、较好的语言表达能力

当人们之间尚处于陌生状态时，彼此间的认识除了外在形象和气质，语言表达能力往往能够左右着彼此间的第一印象。调解人的语言表达能力也不例外。调解人想让当事人在短时间内产生信任，在语言表达上须具备两点能力：一是概括能力。一般情况下，纠纷的前因后果经当事人渲染后会变得错综复杂，如果调解人能用简明扼要的语言对其进行概括，多数当事人对调解人的信任感会油然而生；反之，调解人若对简单的纠纷不能准确概述，使其复杂化，难免会遭当事人轻视，尤其是文化层次较高的当事人会对调解人的调解能力产生怀疑，增加调解的难度。二是应变能力。有句谚语叫“到什么山唱什么歌”，比喻说话办事要以具体情况为依据。由于各当事人存在文化、性格、身份等差异，所以调解人运用的语言体系也应因人而异。比如，对文化层次不高的当事人，调解时要尽量用通俗易懂的家常话与其沟通，反之则容易引起当事人的误会和反感；而对于一个法律素养较高的当事人，则须用法言法语，否则容易被当事人轻视。

四、善于发现矛盾焦点与提出方案的能力

调解人在摸清纠纷的来龙去脉后，务必要搞清楚当事人各自的诉求，也就是说，一定要知道矛盾的焦点在哪里。在实务工作中发现，不少当事人出于种种原因考虑，不愿意直接表达自己的观点，或者顾左右而言他，此时调解人若不能洞悉当事人的心理，透过表象看到本质，把握不住矛盾的焦点，则后续工作将不得要领，事倍功半。因此，调解人能够把握住矛盾的焦点非常关键。一旦准确捕捉到当事人的真正诉求，就到了调解人提出解决矛盾方案的阶段。然而，提出解决方案并非易事，如果调解人提出的方案距当事人任何一方心理预期较大，都可能会导致当事人一方误认为调解人偏向另一方，而将矛盾掉转至调解人。因此，调解人切忌贸然提出自以为公平合理的方案，而应先试探双方当事人底线，如果他们能满足彼此的要求，则皆大欢喜；反之，则需要调解人劝说、教育当事人放弃不合理的要求或条件，逐步促使一方或双方当事人折中、妥协，以达到让彼此能够接受的目的。

五、巧借他山之石的能力

调解实践表明，有些纠纷无论调解人如何尽心竭力，也无论调解人提出了让局外人觉得多么合理的解决方案，当事人一方或双方对调解人就是充满不信任，即矛盾在调解人那里几乎是不可能化解的。此时，调解人不必再浪费时间，也不必对自己的调解能力产生怀疑，应另辟蹊径，寻找其他突破口。巧借他山之石，不失为一个很好的办法。所谓巧借他山之石，就是利用公安机关以外的人或组织参与调解纠纷。正常情况下，一个社会人，总有人或组织能够对其言行产生影响，那么找到这样的人或组织进来参与调解，往往能够起到“可以攻玉”的效果。如当事人的家人、亲戚、朋友、同乡及单位或居委会的领导等人或组织就能扮演这样的角色，他们多数情况下能利用与当事人间的亲密关系或上下级间的信任关系，说服当事人接受公安机关的调解方案或者另外提出当事人满意的解决办法，将矛盾予以化解。当然，借用外力的办法也不是万能的，若当事人仍固执己见，此时调解人应果断放弃调解，依法进行处理，或者告知当事人通过其他途径解决纠纷。毕竟，调解并非解决纠纷的唯一手段。

第二节　算清“四笔账”胜过“六尺巷”

清朝康熙年间，出身于安徽桐城的宰相张英回乡探母，颇觉老宅破败，亟待修葺，遂着人安排，后返京城。无独有偶，其邻吴家亦谋扩屋。然张吴两宅之间有一方土地因年代久远，无从考证此地归何人所有，双方皆欲争之，不相上下，数次几欲动武，乃求告县衙。因吴家亦系名门，县官难了此案，张母便修书求援。张英看罢来信，赋诗一首：“千里修书只为墙，让他三尺又何妨？万里长城今犹在，不见当年秦始皇。”张家目睹回信，顿悟，遂让地三尺，吴家闻之羞愧，亦让地三尺。这就是著名的“三尺巷”的故事，也称“六尺巷”，中国人以之为美德，教育后代。

“六尺巷”之所以成为脍炙人口的典故，教育一代又一代人，主要原因是张英和邻居的相互谦让。但是从另一个角度看这个故事，说明谦让是多么的稀缺，尽管我们每一个人都对谦让并不陌生。事实上，“六尺巷”的故事就是一起邻里房屋纠纷如何得以化解的故事，而类似的纠纷至今每天还在不断地上演，且种类和内容越来越丰富，但并不是每一个人都像张英那样具有谦让的高贵品质。因此，各类纠纷的成功化解，往往需要纠纷当事人一方或双方谦让，至少是作出妥协。但是，就算是妥协也非易事，不是纠纷调解人一句话就能让当事人妥协的，毕竟妥协是需要当事人付出代价的，而付出代价有时如同割自己的肉那么难。因此，若使当事人愿意妥协，得使当事人觉得妥协是值得的，需要纠纷调解人给当事人算四笔账。不过，在这里需要说明的是，妥协是以独立为前提、以底线为原则的适当让步。

一、心理账

人能够正常地学习工作生活，需要正常的健康的心理。否则，就不能专心学习，认真工作，快乐生活。当然，人产生不健康的心理是由多种原因引起的。其中，与他人发生矛盾纠纷，一些人就会产生不良情绪，尤其是一些争议较大或者可能导致自己的财产受损、人身自由受限的纠纷，更能使一些当事人产生烦躁、焦虑的心理。事实上，纠纷调解人经常能碰见这类当事人。笔者曾处理多起纠纷，尽管案情简明清晰，一目了然，但一些当事人也要通过多种途径拐弯抹角地打听案情，希望处理的结果符合自己的预期，哪怕这些纠纷的处理结果作为一个稍微有点法律常识的人也能预测到。更不要说那些自知理亏的人了，四处探问，到处托人打听案情，有时候简直就是惶惶不可终日。鉴于此，纠纷调解人要善于捕捉当事人的表情和内心的细微变化，及时给当事人算上一笔心理账分析他们纠纷发生时就产生的心理负担，再预测随着当事人不愿意和解可能产生的不利后果及衍生出来的二次心理压力所带来的不良影响，力争使当事人一方或双方尽早妥协，达成协议。

二、感情账

马克思说，社会属性是人和动物的根本区别。换言之，人和人之间是需要交往的，而交往是需要感情的。如果没有感情，人际关系是无情的，冷漠的，一个人是难以立足于社会的，至少难以得到周围人的认可。根据历年《中国法律年鉴》对人民调解受理的民间纠纷和人民法院受理的民事纠纷类别统计，婚姻家庭、继承、房屋宅基地、邻里纠纷始终居高不下，数量占据纠纷总量的半壁江山。而上述纠纷一个共同的特征是，纠纷发生在亲人、亲属、邻居之间，也就是说纠纷当事人都是熟人，甚至具有血缘关系。众所周知，熟人之间尤其需要感情的维系，而熟人感情一旦受到破坏，多年甚至几代人建立的感情毁于一旦，有的人会因此崩溃，采取极端的行动。因此，矛盾发生后纠纷调解人要给当事人算算感情账，使他们意识到民间民事纠纷走上法庭接受判决可能导致熟人之间形同陌路、不相往来，治安或刑事案件（必须符合调解的条件，下同）不能得到化解，当事人的自由被限制，熟人间很快就会反目成仇、势不两立。无论出现哪一种情况，双方之间的感情修补都可能需要很久，甚至无法逆转，细想后果，惨不忍睹。此时，劝说纠纷当事人妥协一步，结果很可能是海阔天空，熟人之间也许就“一笑泯恩仇”，而陌生人之间有可能“不打不相识”，从此义结金兰。

三、后果账

如果当事人不会因为纠纷的发生产生心理压力，也不会存在感情上的负担（有些纠纷当事人本来就不熟悉，没有感情基础，也不打算产生感情），那只能给当事人算算纠纷发生后所能产生的后果账。后果账既有间接账，也有直接账。根据历年《中国法律年鉴》对全国公安机关治安案件分类统计，殴打他人案件一直位居榜首，数量巨大。而殴打他人不是无缘无故产生的，绝大多数是由鸡毛蒜皮的民间民事纠纷引发的。也就是说，民间民事纠纷未得到妥善的化解，容易升级成治安案件或刑事案件，甚至不排除个别情况下引发群体性事件的可能性，这一间接账有必要告诉当事人。如果治安和刑事案件调解失败，则必须按照相关法律程序处理，直接账就更严重了：限制自己的人身自由不说，还会影响到自己的社会声誉，可能还会影响到当前的工作、未来的前程。此外，自己的直系亲属在某些方面也可能会受到负面的影响。鉴于此，纠纷如果是民间民事纠纷，通过间接账，劝说当事人作出妥协，及时和对方达成协议，以免矛盾激化升级；若纠纷本系治安、刑事纠纷，则告知当事人勿意气用事，以免毁了自己，害了别人。

四、利益账

“天下熙熙，皆为利来；天下攘攘，皆为利往。”司马迁一语破的，道破人际交往最本质的东西，无非就是利益罢了。人和人之间，尤其是非熟人之间很多时候能够相互协作，互惠互利，关系融洽，结为朋友，就是因为他们之间有利益的纽带，至少有潜在的利益需求，并不是他们之间天生有缘，具有相互吸引的魅力。当然，利益也是一把双刃剑，走向反面，双方的矛盾可能就因此产生。因此，想让纠纷一方或双方当事人放弃自己的利益，和对方妥协，有些时候给他们算心理账、感情账、后果账可能收效甚微，因为有些当事人不会产生心理压力，不需要感情，也不怕产生的间接和直接的后果，而能让他们能够妥协的前提是，妥协须符合他们的利益。此时，纠纷调解人只能给他们算算利益账。纠纷调解人可以告诉他们，如果民间民事纠纷不能得到及时化解而执意走向法庭接受判决，可能需要花钱请律师，可能需要差旅费，可能需要执行费，可能需要大把的时间和精力，还可能丧失一些机会等，最重要的是还可能会败诉，而即使赢得了官司，也未必能达到自己的预期目的。此外，治安或刑事案件，一旦错失调解的机会，自由被限制，利益损失将更大。笔者相信，一笔利益账，理智的当事人经过权衡利弊后一定能够作出最符合自己利益的选择。

第三节　调解纠纷应看人说话

在公安一线，面对大量的各类纠纷，民警除严格依据法律法规外，对不同的纠纷使用不同的方法和对不同的当事人使用不同的语言，无疑是成功化解矛盾的重要保障。如果说正确的调解方法如同找到了光明大道，那么恰当的语言则是能否快速高效地走完这条大道的关键。

由于纠纷当事人的文化层次、生活环境、性格脾气等有所迥异，因而民警和各种类型的人进行语言沟通，须因人而异，看人说话。笔者现以基层调解经历为基础，对七类常见的纠纷当事人予以归纳，仅供参考。

一、一视同仁 互尊互信

无论纠纷当事人双方年龄大小、身份尊卑、文化高低、责任多寡，在调解纠纷的过程中，民警要自始至终平等对待所有人，使当事人对公安机关产生信任，沟通才能顺畅，才会为调解营造一个良好的氛围。如果民警戴着有色眼镜，对责任较大或身份较低之人存在偏见，言语中让对方感受到人格上的不尊重，可能会使其产生反感和排斥，使调解陷入被动。

案例：老板和员工发生口角而互殴。员工因为老板布置的任务过于繁重而感到委屈，老板却因员工先动手而不予原谅。笔者了解原委后，对老板说："你的员工在为你创造财富，你该及时了解他的需求。"又对员工说："老板认为你能者多劳，你有想法该及时沟通，而不是靠武力，给老板道个歉。"错误较大的员工感受到了被尊重和理解，遂及时道歉，双方握手言和。

二、以彼之道 还施彼身

毋庸置疑，受教育程度较高的人往往法律意识较强，甚至个别人还精通。此类人和他人发生纠纷后，往往会紧紧抓住对方行为的不当或只言片语的漏洞不放，而为自己的过错强词夺理，极力辩护。作为执法者，民警要尽可能对这类人使用法言法语，明确各自问题所在，否则会被其轻视，甚至断章取义，混淆视听，偏离纠纷调解的正确轨道，将矛盾的焦点转移，恶化事态的发展。

案例：某律师和委托人因诉讼费用发生争议，后者先动手将前者殴致轻微伤，前者还手也将后者殴致轻微伤。事后该律师以自己正当防卫为由，提出委托人要么赔偿一笔费用，要么公安机关将委托人行政拘留。笔者注意到这个情况后，严肃地告知该律师："根据相关法律，你们的行为是互殴，要么接受调解，要么一起被公安机关处罚。"该律师很快认识到此法不通，遂放弃此举。

三、通俗白话 娓娓而道

笔者在调解纠纷中发现，文化层次较低之人，由于欠缺法律知识，一旦和人发生争议，喜欢凭习惯或感觉去解决矛盾，纠纷的解决就变得十分困难。面对这样的当事人，民警应将晦涩难懂的法条用通俗易懂的语言对其摆清事实，讲明道理，使其认识到错误和处理方式的不当。倘若民警满口法学术语，非但无法调解矛盾，还可能使当事人对民警产生反感，效果容易事倍功半。在基层实践工作中，一些法学专业的青年民警调解纠纷的效果逊于老民警的原因就在于此。

案例：包工头因老板久拖工资，带领工人围堵工地大门，并扬言再不支付工钱将跳楼自尽。尚处于试用期的笔者，立功心切，想及时将矛盾化解，对包工头开口便说："如果你以过激的方式维权，公安机关可依法对你采取措施。"不料，此话非但没能平复包工头的情绪，反而火上浇油。此时，笔者的带教师父不慌不忙，对包工头说："老板拖欠工资是因为目前经济紧张，你的困难我们会尽量帮你协调解决，不要做傻事，否则得不偿失。"再和老板周旋一番，协议很快达成。

四、适度肯定 委婉批评

自尊心较强的人犯错后，最忌讳的莫过于在大庭广众之下被他人直指短处提出批评。因此，若此类人和他人发生矛盾，民警要在双方都在场的情况下对其正确之处适度肯定，在私下里单独对其错误之处委婉批评，如此，这类人在自尊心被保全后，往往会主动配合民警的工作，使纠纷轻而易举得以化解。若民警的语言伤害其自尊心，这类人往往为了顾及面子，不肯承认自己的错误，甚至将矛头掉转至公安机关，将矛盾复杂化。

案例：老板在小贩处买水果，小贩短斤缺两，老板不服，然而小贩非但不思己过还讥讽老板小气，老板一怒之下掀翻水果摊。笔者了解原委后立马批评老板："你不该如此鲁莽。"哪知老板更加生气，还要投诉笔者。老民警在旁早已察觉老板之清高，便对小贩说："做生意讲究诚信，你短斤缺两且挖苦顾客在先，理应先道歉。"待小贩道过歉，便又私下对老板说："你大人大量，掀翻人家摊位也是一时冲动，他虽有错在先，但生计艰难，多少给他点补偿吧。"双方随即心平气和，各取所需。

五、用语平和 缓和情绪

性格急躁之人，在和人发生矛盾后，情绪往往变得十分激动，尤其在己方责任轻，感到委屈的时候表现得更加突出，致使调解工作无法尽快开展。此时，民警不要被这类人的情绪所感染，立即对双方展开评论，而是要尽可能地用平和的语言了解事情的前因后果或问些无关紧要的问题，待其情绪稳定下来后进一步调解，往往会事半功倍。如果民警未能把握住这类人的性格，用急促生硬的语言和其沟通尽快解决纠纷，可能使其更加烦躁，将矛盾进一步扩大。

案例：某女士中午在自家别墅休息时发现保安擅闯客厅，本就性格急躁的她因受惊情绪更加激动，非要民警将保安行政拘留。笔者先请该女士喝杯茶冷静一会儿，然后去了解保安入侵住宅的原因，便和该女士聊起家常，当得知其儿子和保安同龄时及时插话："小伙子来自农村，刚上班，就是好奇想看看别墅里面的样子，哪知违法了，现在很害怕。"这期间笔者见到她眉宇开始舒展，立即喊来保安对其诚恳道歉，此事很快就解决了。

六、晓之以理 动之以情

通常情况下，年龄较大的人思想会变得较为固执保守，不易接受他人意见。然而，时代在发展，规则在变化，解决问题的方式也需要改变。此类人和他人发生矛盾后，喜欢用以前的社会经验或规则处理问题，致使矛盾难以化解。面对此类人，民警最好晓之以理、动之以情地使其清楚当前的法律法规，使其认识到自己经验的不足，从而及时改变思维，接受公安机关的合理建议，将纠纷予以化解。若民警用强硬的语言迫使其改变思维，效果可能适得其反。

案例：某新建拆迁小区的老太太们晚上喜欢在小区跳广场舞，因噪声和周边邻居发生争执。笔者出警后告知老太太们："必须关闭音响，不能影响他人的休息。"而老太太们则认为，她们之前在乡下多年一直如此，然后仍旧我行我素，矛盾难解。对此，笔者的师父召集老太太们耐心地劝说："你们的确有健身的权利，但邻居们也有正常休息的权利，所以要将心比心，换位思考，共同找到合适的地点和适量的声音，这样大家才能和谐。"后来，老太太们慢慢发现多年的做法确实不妥，需要改变。

七、严厉批评 明确告诫

实务工作中，绝大多数双方当事人在公安机关的调解下都能接受对方的要求或民警的建议，将矛盾予以化解。但也存在个别当事人发生纠纷后死不认错、无理取闹、胡搅蛮缠的现象，或紧紧抓住对方的过错，提出过分要求，非将对方"置于死地"的情况。面对此类人，民警必要时可严肃批评其不当之处，甚至对其毫不客气地训斥，打压其气焰，明确告知其不听劝告带来的后果，促使其转变态度使调解走向正轨。

案例：甲因争夺停车位一怒之下将乙的轿车车灯损坏。乙提出让甲赔偿其10000 元的天价修理费，甲自然不肯。虽然笔者对乙好言相劝："对方家庭很困难，希望你能原谅，少赔偿你一点。"但乙态度强硬，不为所动。对此，另一位民警告诫乙："公安机关不是敲诈勒索的场所，请尊重常识，否则公安机关对甲处罚后，你自己去法院打官司解决修理费用。”乙见难以讨到便宜，只好作出让步。

现实是，一方面，人往往是一个复杂体，更多的时候不可能只是上述一种情况，棱角清晰、泾渭分明，另一方面，中国的语言博大精深，同样的语言在不同的环境下不同的人讲出会有不同的理解，使民警在调解纠纷时对语言的运用难以拿捏，不是上述的只言片语所能概括的。因此，面对不同纠纷中不同的人该使用什么样的语言，恐怕还需要我们在实践中不断地去揣摩、反思和总结。

第四节　调解纠纷忌听一面之词

哈佛大学非裔教授路易斯·盖茨回家时，由于房门被意外卡住，盖茨和他的司机猛力撞门。此时，路人怀疑他们行窃而报警。白人警官詹姆斯·克劳利赶往现场，表明执法身份后，要求盖茨出示证件，以证明他是房主。但盖茨只出示了工作证，而不是有住址的驾照，并大骂警员们种族歧视，声音高得无以复加。克劳利等人劝阻无效后，只好将暴跳如雷的盖茨带往警察局关押了数小时。但盖茨后来坚称自己交出了所有证件。

奥巴马在新闻发布会上被问及此事时说，警察逮捕盖茨的行为十分愚蠢，证明美国的种族偏见仍然存在。奥巴马表示，他在哈佛上学时就认识盖茨教授，他们既是师生也是朋友。他说，盖茨是一位学者，对他实施逮捕毫无道理，而警方就是因盖茨是一个非裔美国人，才对他表现出极度的不信任。针对奥巴马的言辞，警方大为不满，称奥巴马的批评令警员“受到严重伤害”。克劳利接受媒体采访时表示，自己在办案过程中并无过失，总统不了解事实，并要求奥巴马向警察道歉。面对批评，奥巴马亲自和克劳利通电话后，公开承认自己“用词不当”，并且表示将邀请克劳利和盖茨到白宫喝一杯，化干戈为玉帛。后来，在奥巴马的亲自调解下，一场波及敏感问题的纠纷在温馨啤酒会中优雅地落下帷幕。

奥巴马贵为总统，将双方当事人请到白宫，化解了一场种族风波，一时成为政治美谈。不过本文要研究的，不是美国政治制度和文化冲突，亦不是奥巴马在白宫正式化解矛盾过程中表现得多么智慧和大度，而是作为非专业调解人的奥巴马在正式调解纠纷之前犯下了哪些错误，以此作为前车之鉴。事实上，即便是专业调解人也亦如奥巴马一样在调解纠纷的初始阶段犯下类似错误。笔者认为主要有以下四点错误需要注意，并提出了应对策略。

一、情绪失控

孟子曰："恻隐之心，人皆有之。"当一个人和他人发生了纠纷，尤其是尊严、身心、财产受到一定伤害或损失时，出于趋利避害的天性，当事人总是极尽可能地夸大自己的委屈并无限放大对方的过错，力争使纠纷调解人站在己方，维护自身权益。作为调解人，纵然比他人拥有更多的经验和教训，亦难免不被倾诉者的喜怒哀乐影响，尤其是"胆汁质"气质的调解人，更易被环境所感染，产生同情心理，为所谓的冤屈者"打抱不平"，而后凭空无端指责、训斥另一方当事人。正如奥巴马听闻了盖茨所述的"不幸"遭遇后，在公开场合训斥克劳利等警察十分愚蠢，草率下了美国依然存在种族偏见的定论。尽管奥巴马发表上述言论时情绪并未失控，但显然是带着一定情绪的，结果遭警方不满也不难理解。总统尚且如此，何况普通调解人呢。当然，如果调解人听取到的信息为真，当事人一方可能因为理亏忍气吞声，而一旦为假，极易使另一方当事人产生抵触情绪，失去对调解人的信任，导致调解工作无法深入开展。故笔者建议，无论当事人表现出何等冤屈、痛苦抑或愤怒、无礼，也无论纠纷本身何等荒唐令人气愤，调解人均应控制好自己的情绪，冷静为上，端正中立的态度，避免冲动，为后面的调解工作奠定好基础。

二、偏信则暗

魏征曰："兼听则明，偏信则暗。"这句话之所以经典，在于其阐述了一个道理：若不能洞明世事而妄加论断，则会适得其反。具体说到纠纷调解，要使纠纷得以公正的处理，就应该对纠纷的前因后果做到全面掌握。如果对纠纷的前因后果的掌握只是一知半解或者只是管中窥豹，调解人作出的判断可能就会偏颇。因此，调解人倾听双方，甚至多方当事人的陈述，力争掌握纠纷的全面信息，是做出正确判断的前提。但事实上，调解人很容易在这方面犯下错误，听到一方当事人的一面之词后就以为真理在握，迅速作出草率的判断，引起对方当事人的反感，使自己陷入被动。奥巴马就是如此，仅仅了解到盖茨的单方信息，就相信了盖茨所说"自己交出了所有证件还是遭到逮捕并被关押"的一面之词，并没有听取克劳利的陈述，自然地作出了错误的判断。无数事实证明，哪怕自己最亲近、最信任之人，所述之词也时常不可靠。因此，调解人务必忌听当事人的一面之词，而是要多听听对方当事人的陈述、申辩，如有条件再听听证人等相关人员的陈述，然后将多方信息综合研判，如此，方可较客观地掌握案件实际情况，成功调解纠纷。孙子所谓“知己知彼，百战不殆”者，大抵如是。

三、先入为主

先入为主是指先听进去的话或先获得的印象往往在头脑中占有主导地位，以后再遇到不同的意见时，就不容易接受。作为社会人，我们往往会戴着有色眼镜观世界：看见了老师就会觉得他们的素质一定会很高，想到了老人就会觉得他们一定很善良，提到女人总会觉得她们手无缚鸡之力等。作为纠纷调解人，因为和大量的当事人“打过交道”，反而更容易总结出似是而非的偏见：来自某个地域的人素质不高、不诚实，文身的壮汉十有八九不是好人，富人赔钱的时候比较阔气，不像穷人那样斤斤计较，有前科的人和他人有过节肯定是错误在先等。奥巴马也戴了同样的有色眼镜，他认为盖茨是哈佛大学的教授，是自己的老师和朋友，是熟人，故其言行值得信赖；而克劳利代表警方，属暴力机关，白人警察对黑人知识分子实施逮捕是因美国仍然存在种族偏见，其行为毫无道理。笔者认为，奥巴马发表了令自己表示遗憾的言论，主要原因恰恰就是他的先入为主的偏见所致。实务工作中，调解人一旦在观念上对自己的当事人贴上标签，就会以主观臆想去看人，挑一方的刺儿，而无法获取另一方的过错，不能掌握真相，影响自己的客观判断。因此，笔者认为，调解人无论面对何种类型的当事人，千万不能被当事人的第一印象所左右而偏离主题，要紧紧抓住纠纷本身，抽丝剥茧，直指真相。

四、擅下结论

纠纷能否成功调解，从理论上来说，主要取决于双方当事人自愿达成的某种协议。但事实上，关键在于调解人能否对双方当事人提出令他们满意的调解意见。而在这之前，调解人一般需要对双方当事人的责任作出划分。如果划分得正确或者大致正确，多数情况下能让双方当事人心悦诚服，很可能就会握手言和，达成协议。

但问题的关键是，尽管调解人通过多种手段去调查纠纷的真实情况，但有些纠纷的争议焦点因为种种原因是无法获取的。因此，调解人就不对双方当事人的责任作出定论，自然也就不能提出处理意见，只能另辟蹊径。如果此时调解人急于为当事人着想，一心将矛盾予以化解，贸然作出结论，很有可能会令当事人一方或双方不满，其结果不但不能将矛盾予以化解，还有可能引发当事人一方或双方的不满、投诉，失去当事人的信任，影响调解单位的形象，更有甚者还会将矛盾的怒火引向纠纷调解人自己的身上，打击调解人的工作积极性。比如，奥巴马，比较草率地认为盖茨和克劳利间的纠纷，主要责任方是克劳利，显然失之偏颇，以致遭到警方抗议自然也是情理之事。鉴于此，笔者认为，一旦遇到复杂的、争议较大的、责任不易划分的纠纷，调解人最好不要轻易作出明确的结论，才能为后续的调解留下空间。尤其是一些年代已久，证据灭失，现代科技无法还原全部真相的纠纷，干脆就不要作出结论。毕竟有些纠纷不是靠调解人调解出来的，而是靠当事人妥协或司法判决解决的。

第五节　固定证据才是调解治安纠纷最好的“方法”

派出所接村民报警称，某村委会门口有两村民先争吵后打架。民警接警后迅速赶赴现场。

经了解，张某与陈某系本村两大家族的代表，近期因利益之争，在村委会碰头时话不投机，发生了激烈的语言争执，后演变成肢体互殴，一个头破血流，一个一瘸一拐。民警将双方带至警务室，制作笔录后开具验伤单，结果显示双方均构成轻微伤，只是张某的伤势较陈某稍重。

根据《治安管理处罚法》第 9 条之规定，对于因民间纠纷引起的打架斗殴或者损毁他人财物等违反治安管理行为，情节较轻的，公安机关可以调解处理。民警认为，张某与陈某的互殴行为确因民间纠纷引起，情节较轻，在乡村中也不算少见，符合上述法律规定，可调解处理。同时，民警考虑到，若对双方直接予以行政处罚，很有可能会激化两大家族的矛盾，便征求双方是否愿意调解处理此事，双方均表示同意，并约定三天之后来派出所接受调解。

然而，纠纷双方虽愿接受调解，但各自提出的调解方案对方均不认可。张某要求陈某公开在村委会向自己道歉，并赔偿医药费 10000 元；陈某同意赔偿对方医药费，但要求张某放弃之前的利益之争。首次调解持续了三个小时，以失败告终。

虽然首次调解失败了，但民警还想再给他们一次机会。数日之后，民警邀请本村另一家族的长辈代表李某参与第二次调解。谁知张、陈虽冷静了数日，但态度依然强硬且出言不逊，并未给李某和民警面子。民警认为，再度失败的根本原因还是两大家族的利益之争，谁也不作任何妥协，而利益之争在公安机关是无法得到解决的。因此，民警判断若通过调解来解决该起治安案件，无疑死路一条。

无奈之下，当日民警便前往案发现场，调取并拷贝了村委会门口的视频监控，又补做了证人笔录。至此，结合张、陈的询问笔录，伤情鉴定，该案基本上形成了完整的证据链，能够证明张、陈均构成殴打他人。于是，民警将两人传唤至派出所，明确告知双方均要被公安机关处以行政拘留，时间长短视具体情况而定。

意外的是，在询问室两人被民警抽掉皮带、卸下首饰等物品后不久，原本强硬的态度均发生了微妙的变化，要求民警再给一次机会与对方谈谈。此次交谈过后，张、陈两人很快达成了协议。

在此基础上，民警趁机教育警告二人，如再有斗殴行为将绝不饶恕，定予以行政处罚让两人一尝滋味。张某与陈某连连答应民警，态度显然是真诚的。在最后离开派出所时两人虽未握手言和，但之前不共戴天的气势也已荡然无存了。

点评：上述案例，是一起典型的斗殴行为，不论过去将来，不论城市乡村，有人的地方就有这样的行为。在表现形式上也不单单是殴打他人，还有损毁他人财物等其他违法行为。但其背后的本质相同，均是利益之争引发的违反治安管理行为。那么，应通过什么方法调解类似的治安纠纷呢？这或许是很多刚入职的民警困惑存疑的地方，也是大家想通过努力习得的真本领。笔者以为，面对这样复杂的、争议较大的治安纠纷，首先思考通过什么方法去调解，方向可能就错了，无异于本末倒置，南辕北辙。

在此，笔者并非否定调解方法不重要。对于多数普通的、争议不大的治安纠纷及民间纠纷，民警确需掌握一些方法。如笔者在本书中总结的联合调解法、热处理法、冷处理法、换位思考法、权威劝说法、算账法、模糊调解法、以案释法法、民主评议法等。只是这些方法在复杂的、争议较大的案情面前，往往就失效了。

以本案为例，民警在调解初期也尝试了“冷处理法”和“权威劝说法”，但收效甚微。而对本案调解最终起到重要作用的是民警固定好了证据，做好了对双方当事人处以行政处罚的准备，最终威慑到了原本态度强硬的当事人，使其老实就范。

或许有人会提出异议，固定证据是公安机关的本职工作，并非方法。对此，笔者并不否认。在本文标题上专门在“方法”上打上双引号，就是这个意思。之所以如此，就是在标题那里开始强调笔者的观点，固定证据才是调解治安纠纷最好的“方法”。

固定好了证据，公安机关便手握王牌，进退自如，既可行政处罚，也可展开调解，完全掌握了主动权。一旦失去了这个王牌，公安机关很可能处于非常被动的境地，甚至引起不必要的麻烦。因此，对于较为复杂的治安纠纷，办案民警切勿过分迷恋方法，固定证据才是重中之重。证据链一旦形成，此时你可能不需要什么方法，也可能只需要稍微动用一下方法，调解成功的概率也许就大大增加了。

最后，可能有人会问，这样的调解会使双方握手言和吗？真能化解纠纷吗？笔者想说的是，通过调解就能使双方真诚认错不过是理想状态罢了，不能奢求。对于类似上述的纠纷，不经过调解直接处罚可能会导致更深的怨气或埋下更多的雷。因此，权衡利弊，固定好证据，威慑当事人认错，促成调解，避免矛盾的进一步升级，就是较为理想的结果了。

第六节 调解纠纷的方法因案因人而异

调解纠纷是公安工作的重要组成部分，耗费基层民警大量的时间与精力。实践证明，掌握适宜的方法，能够有效提高调解工作的效率。本节将选取七个案例，展现民警调解纠纷的过程，然后再对民警的调解方法进行点评，希望这些方法能为派出所民警调解治安纠纷、民间纠纷提供参考。

案例一：某日上午，杨某与李某在行车过程中发生碰擦。本是一起简单的交通事故，但因杨某爱车心切，与李某发生口角，后又互殴，导致李某头破血流，杨某被扇多个耳光。路人报警。

民警到场后，将双方传唤至派出所，并立即着手验伤、制作笔录等取证工作。取证后，民警便对双方当事人展开调解工作。由于民警对二人的责任划分明确，二人又各自认识到错误，均希望尽快了事忙自己的工作，很快达成了调解协议。民警趁热打铁，当日下午便主持双方签订了治安调解协议书。

案例二：许某与倪某是同一个工地工作的同事。某日，双方因工作琐事发生争吵。争吵本是小事，但许某情绪一时失控说了粗话，涉及倪某之母。因倪某与母亲感情极深且其母又已去世，倪某恼羞成怒，用拳头攻击许某未果后，持械将许某的电瓶车一侧砸坏。许某报警。

民警到场了解情况后，将双方带所处理。事后，双方各不让步，相互指责。办案民警首先找许某谈话，让许某换位思考自己的母亲若被辱骂了该作何反应。不久，许某意识到自己确实有错在先，向倪某道歉。此时，倪某情绪缓和了很多，也自知砸车系违法行为，与许某握手言和，达成调解协议。

案例三：数年前，陈某从李某处购得一批货物并支付部分款项，余 2000 元未交付，双方约定待陈某经济宽裕后再付。因陈、李两家沾亲带故，双方当时口头约定未立字据。后李某向陈某索要欠款时，陈表示已在李家中向其妻履行，但未开具收条且并无证人，而李妻则否认收到欠款。双方赌咒发誓，但均无确切证据。两家关系恶化，直至报警。

民警了解情况后认为，根据“谁主张谁举证”的规则，履行 2000 元货款的事实应由买方即陈某证明，如无法证明则可能承担不利后果。但基于两家本是亲戚且互为邻里，民警建议双方为深远计，在事实不清楚的情况下各让一步，陈某向李某支付 1000 元了结此事，双方不得因此事再发生矛盾纠纷。双方均表示同意。

案例四：顾某途经李某家门口时被李家的狗咬伤，在医院处理伤口并注射疫苗花费医药费共计 800 元以后，顾某要求李某赔偿医药费，但李某认为自己并无过错，不需要承担赔偿责任。顾某为此报警。

调解时，顾某认为，狗虽被拴着，但因铁链较长使其活动范围较广才导致自己被咬伤，李某应承担全部责任。而李某认为自己拴狗已履行了对狗的看管义务，顾某受伤系其缺乏基本的注意义务所致。民警认为李某不认错的原因主要是缺乏法律知识，便向其普及了民法的相关规定。结论是，李应承担全部责任。在民警的劝说下，李某终于认识到了自己的过错，答应赔偿顾某 800 元的医药费，并向顾某道歉。纠纷得以圆满解决。

案例五：李某经批准与陈某相邻建房，但其房屋建成后房脊正对陈家大门。陈某反对，出面阻止却遭李某拒绝，李执意如此建屋。但陈某并未就此罢休，持续找李某理论并扬言要上访，甚至要找亲戚朋友将李某的房屋推倒。李某报警求助。

民警了解事情原委后发现，李的房屋确按政府部门的批准手续所修建，在法律上没有问题，但当地有“屋脊不能正对别人堂屋或大门”的风俗习惯，否则会被认为不吉利。李某在建房时应当顾及风俗习惯，考虑陈某的思想顾虑，其行为存在一定过错，故建议李某对陈某进行精神补偿。李某认识到自己的错误，愿支付陈某 5000 元作为补偿。至此，该纠纷画上了圆满的句号。

案例六：周某去朋友家做客，临走前特别嘱咐妻子王某要照顾好自己年迈且行动不便的母亲，王某答应并要求周某早些回家。谁知周某酒过三巡忘了妻子的叮嘱，王某便将怒火撒到了本就不招自己待见的婆婆身上，不仅不给饭吃还对其一顿臭骂。周某回家听到母亲的怨诉后，质问王某为何如此苛待母亲，王某却埋怨周某喝酒太多且回家太晚。夫妻两人从口角发展到厮打，邻居见状便报了警。

民警到场后制止了双方，对周某进行批评教育，但双方仍然争吵不断。民警见状，索性邀请围观的左邻右舍来评理。多数邻居认为，王某作为媳妇，因丈夫晚回家一会儿就小题大做，且苛待年迈的婆婆实在有违做人底线。也有少部分邻居认为，周某作为一家之主，一喝酒就忘了家庭责任，也有一定的过错。在舆论的压力下，王某渐渐底气不足，说话声明显变小，最后向婆婆道歉。而周某也认识到了自己的错误，顺势向王某道歉。至此，该起家庭纠纷迎刃而解。

案例七：老徐在某建筑工地工作的时候，手不慎被建筑物件砸伤，为此要求老板赔偿一笔费用私了，老板却执意坚持相关费用须通过合法程序解决。老徐认为老板有意为难自己，几日后带上亲戚朋友将工地大门堵上。老板报警。

民警到场后告知老徐，既然老板要走法律程序解决工伤问题，你就应收集好证据维护自己的利益。哪知，老徐越听情绪越激动，原因是老徐读书少，法律意识淡薄，根本就不知道如何收集证据，也不愿意通过法律途径解决自己与老板的纠纷。之后，民警改变策略，给其详细地讲述了近期发生的一起工伤纠纷的处理流程。老徐听完民警的讲述后，表示愿通过合法途径解决。

点评：上述七个案例中，前两个案例分别为殴打他人、毁损他人财物引发的纠纷，后五个案例分别是买卖纠纷、饲养动物损害责任纠纷、相邻纠纷、家庭纠纷和工伤纠纷，都是基层派出所经常遇到的治安纠纷和民间纠纷。这些纠纷的处理是否得当，关系到百姓的切身利益，也影响着辖区的治安秩序。因此，能否用适宜的方法处理好这些纠纷很重要。现对上述七个纠纷的调解方法进行点评。

案例一，民警采用的是“热处理法”。“热处理法”是指调解人员在案情较为简单，双方对权利义务的归属分歧较少的时候，趁热打铁，一举将矛盾化解。实务工作，多数纠纷案情都比较简单，多数当事人也比较讲道理明事理，因此该法适合多数纠纷。本案中，民警发现当事人对责任的划分没有大的分歧，又不想为此浪费精力时，趁机快刀斩乱麻，采用“热处理法”及时将二人间的纠纷化解，也节约了公安机关的时间与精力。

案例二，民警采用的是“换位思考法”。“换位思考法”是调解人员引导双方当事人转换角色，换位思考，使其在考虑个人得失的同时，也要替对方利益着想，然后再循循善诱，因势利导进行调解，达到化解矛盾的目的。该法比较适合固执己见，即所谓一根筋的人。本案中，许某之所以毁坏他人财物，是因为倪某有错在先，故民警先让倪某换位思考认识自己的错误向许某道歉后，矛盾的主要部分就化解了，最终也收到良好的效果。

案例三，民警采用的是“模糊调解法”。“模糊调解法”是指调解人员在事实不清的情况下，不擅自划分当事人责任，而是另辟蹊径提议或拟定一个双方都能接受的方案促使当事人各自让步达成协议。对于那些陈年旧案或争议的焦点根本无法理清楚且当事人又不肯让步的纠纷，可以尝试使用该法。本案中，在陈某与李某买卖纠纷的尾款履行中无法搞清事实的情况下，就是采用了这个方法，收到了满意的效果。

案例四，民警采用的是“以案释法法”。“以案释法法”是指调解人员围绕案件事实、证据程序和法律适用等问题对当事人进行释法说理、开展法治宣传教育，使当事人意识到自己的错误，放弃不合理的诉求，达到调解的目的。该法比较适合文化层次较高又讲道理的当事人。本案中，李某不愿意赔钱系其对法律认识不到位而非耍赖。故，在民警对其解释清楚法律规定后，纠纷就迎刃而解了。

案例五，民警采用的是“风俗习惯法”。“风俗习惯法”是指调解人员使用某地区普遍认可、遵守的习惯、禁忌等行为模式、规范，去化解当事人之间的纠纷。中国各地文化差异较大，在一些地方习惯法还有一定的市场。这样的地区，有时可采取此法调解纠纷。不过，采用此法不能违反公序良俗。本案中，李某建房从法律上确实没有任何过错，但基于当地的风俗习惯确实是不妥当的。此时，民警不仅仅要注意法律规定，还要考虑当地的风俗习惯，提出的调解方案让双方服气，显然是一个成功的案例。

案例六，民警采用的是“民主评议法”。“民主评议法”是指调解人员在自己的方法不能奏效的时候，调动身边多人的聪明智慧，对当事人施加心理压力，达成调解的目的。该法比较适合对调解人员抱有偏见，或者不相信调解人员调解能力的人。本案中，民警在常规手段无法达到目的的时候，采用了该法，立即使王某在心理上认输，最后认错，纠纷及时得以调解，达到理想的目的。

案例七，民警采用的是“说案引导法”。“说案引导法”是指调解人员运用调解成功的相似案例，以案说法进行剖析，让双方当事人结合自己的案情，对纠纷重新思考，最终达成调解协议。该法比较适合文化层次较低，法律意识淡薄的人。当然，使用这类方法要求民警经验丰富，案例真实。本案中，民警在使用“以案释法法”失败后，及时调整策略，就是采用了该法，让老徐不再固执己见，避免了老徐与老板的矛盾升级。

当然，上述七个案例中，民警都是采用了一种方法就将纠纷予以调解了。而在实务工作中，由于案情和当事人的诉求随时会发生变化，不少纠纷并非通过一种方法就能解决，也并不完全按照自己预设的方法便能得以调解，因此，具体运用哪种方法或数种方法综合运用，需因案因人而定。

第七节　“五方法”联手巧解邻里纠纷

老李和老王本是同村的村民，因拆迁分房成了楼上楼下的邻居。双方关系虽不是亲密友好，却也并非老死不相往来。近期，老李家安装了空调，但每次使用空调排水就会滴到老王家的阳台上。老王要求老李拆除空调遭拒，双方发生了争执。老李称水往低处流，自己并没有过错。老王一听就来了火，一气之下说了很难听的话。老王的话让老李觉得自己的尊严受到了侮辱，两人从口角矛盾演变到肢体冲突（均未受伤），险些大打出手，后因邻居及时劝阻才没使矛盾继续升级。老王报警。

社区民警接警后，实地察看了空调滴水的原因，系李家空调管线走向不合理。在劝说老李移动管线解决问题根本时，老李声称老王无事生非，坚决不答应。但谈吐中民警能感受到其不配合的原因有二：一是要承担额外支出，二是矛盾中老王的言谈有辱其尊严。最后，调解以失败结束。无奈之下，民警告知老王通过法院起诉或寻求人民调解组织解决纠纷，但不得动手打架，否则将面临法律处罚。

社区民警的警告，老李和老王均当成了耳旁风，双方既不愿意去法院化解矛盾，也不愿意通过人民调解解决纠纷。在接下来的一段时间内，只要老李使用空调，双方便剑拔弩张矛盾迭起，有随时升级为治安或刑事案件的可能。社区民警眼见这样，认为得想出办法把矛盾解决掉，不能任由现在的情况发展下去，否则会闹出大事来，到时候代价就大了。于是，社区民警叫上老李和老王，约定老李一周暂停使用空调，双方各自反省一下过错，然后又约定了具体时间去村民委员会的人民调解办公室解决纠纷，双方表示同意。而民警也通过走访获悉，老李和老王在邻村有个共同的朋友老陈。老陈较两人年长，年轻时曾在边疆当过兵，退伍回村后还做过多年的村主任，为人正派，在当地有很高的威望。民警便征求老陈意见，是否愿意出面调解上述纠纷，老陈自觉“廉颇未老”尚能“主持大局”，欣然表示同意。

后在民警的安排下，民警、老李、老王、人民调解员、老陈等人准时到达村委会的人民调解办公室。调解现场，上述几人轮番上阵，最后在老陈的提议下，达成了如下协议：首先，老李的空调管线由老陈出面请本村的一个业余装修工代劳，免收工钱，但老李请该装修工吃顿饭；其次，老王先向老李道歉，老李再为自己的过错向老王道歉。最后，双方握手言和，如再有纠纷保证理性解决，不诉诸武力。

事后，老李与老王都认识到了自己的错误，同时觉得给大家都添了麻烦，非要共同出钱请社区民警、人民调解员、老陈等人喝杯酒以表谢意。至此，一起邻里纠纷落下帷幕。

点评：在上述案例中，社区民警、人民调解员、老陈之所以能成功调解好该起纠纷，是因为综合采用了以下五种方法：

一是“冷处理法”。该法又称“拖延法”是指调解人员在当事人情绪激动、常规调解办法不能奏效的情况下，调解人员不急于调解，而是待当事人心平气和后，抓住有利时机及时进行调解，往往能起到事半功倍的效果。本案中，社区民警约定老李暂停一周使用空调，留下双方各自反省的时间，再约定具体时间进行调解，就是采用了此法，为此后的调解成功奠定了良好的基础。

二是“联合调解法”。“联合调解法”是指调解人员会同其他调解组织或人员，协同作战，群策群力，最终达到化解矛盾的目的。本案中，社区民警在自己调解失败后，及时调整策略，引入第三方即人民调解、权威人士陈某，联合调解，促使双方达成调解方案，堪称经典。

三是“权威劝说法”。“权威劝说法”是指调解人员找到该地区内有威望的人，利用其权威的话语权，促使当事人转变态度，达到调解的目的。本案中的社区民警，邀请德高望重的老陈参与调解，就是使用了这一招。最后，老陈不负众望一锤定音，解决了上述纠纷。

四是“上下台阶法”。“上下台阶法”是指调解人员为双方事人营造一个上下台阶的氛围，放下面子，作出适当让步，促成调解成功。本案中，老李承诺修空调管线，然后老王先向老李道歉，老李再为自己的过错向老王道歉，这样的顺序安排就是给双方各自台阶下，为后面的调解工作扫除了心理障碍。

五是“算账法”。“算账法”是指调解人员在调解过程中，抓住纠纷的本质，然后寻找平衡点，提出双方均认为利益最大化的方案，使双方能达成调解协议。本案中，调解方案中的首条就是为老李省钱，让老李觉得自己的利益损失较小，便痛快地接受了调解方案。

上述案例，公安机关一般称之为邻里纠纷，专业术语应称为“相邻纠纷”。公安机关平时调解的邻里纠纷，还有邻里用水纠纷、排水纠纷、建造建筑物纠纷、铺设电线纠纷、采光纠纷、排放污染物纠纷、噪音纠纷、通行纠纷，等等。这些邻里纠纷，如果处理得当，能大幅节约百姓解决纠纷的时间、精力等成本，对维护社会稳定起着重要作用。若不及时处理或处理不当，就容易引发治安、刑事案件（如陕西汉中的张扣扣案，根源就是邻里纠纷未能得到及时解决所致），甚至在农村，可能会引发家族、乡村间的群体性事件，造成极其恶劣的社会影响。

本文老李与老王间的邻里纠纷，在调解的过程中实质上没有遇到太多的挑战，而有些民间纠纷、治安纠纷，案情极其复杂，争议也特别大，此时就需要民警发挥聪明才智，根据具体的案情具体的人采用相适宜的调解方法了。

第八节 算清利益账高效调解侵权纠纷

余某与其友童某到某餐馆就餐，酒过三巡，两人略有醉意。余某在餐馆上洗手间的过程中因地板上的水渍不慎摔倒，老板曹某与童某随即将余某送往医院。经诊断，余某右手臂受伤，共花费医药费用2000元，并需休养一段时日方可从事其体力工作。

事后，余某找到餐馆要求老板曹某赔偿其医疗费及误工费共8000元。老板则表示，余某受伤系其饮酒过多神志不清所致，与餐馆无关，故拒绝赔偿。双方为此争吵，在一定程度上也影响了餐馆的生意。曹某报警求助。

民警到场后，在餐馆办公室对余、曹二人展开调解，但收效甚微。两人各执己见，余某认为自己摔倒受伤系餐馆洗手间水渍所致，餐馆应承担自己所有损失；曹某则认为，洗手间人流量较大，地面难免有水渍，且其事先已铺设防滑垫，余某摔倒致伤皆因过量饮酒而致。餐馆出于人道主义可对其2000元医疗费进行补偿，误工费免谈。眼见这起纠纷调解要以失败告终，民警便将双方隔离开，尝试以算账的方式跟双方进行进一步沟通。

对曹某，民警劝说：余某作为成年人，对自身安全确负有自我保护的义务，在地面湿滑的情况下，因饮酒疏于对自身安全的照顾而不慎摔伤存在一定过错，可减轻餐馆方的民事责任。但根据民法相关规定，宾馆、商场、银行、车站、机场、体育场馆、娱乐场所等经营场所、公共场所的经营者、管理者或者群众性活动的组织者，未尽到安全保障义务，造成他人损害的，应当承担侵权责任。餐馆方在洗手间地面上有水渍也并未采取措施提醒顾客注意自身安全导致顾客余某摔伤的情况，属于餐馆未尽到安全保障义务的情形，应承担主要责任。同时，考虑到余某上门吵闹不仅影响到员工工作，还对餐馆的生意造成一定程度的影响，故建议你作出让步，承担部分误工费。否则，一旦对方上诉法院，餐馆方不仅需出庭应诉分散时间、精力，还需承担主责以上的责任。作为生意人，曹某算清了自己的账，听取了民警的建议，表示同意让一步。

对余某，民警劝说：同样根据民法相关规定，餐馆方确需对其过错承担责任。然而，你因酒后疏于对自身安全的保护也存在一定过错，若不接受公安机关调解大可通过法律途径解决问题，但你若在餐馆大吵大闹影响单位秩序，情节严重者将涉嫌违法并有可能被处以行政处罚。而你若诉至法院，其诉讼所耗费的时间、精力、律师费或许还多于判决所得，极有可能赢得官司输了钱，得不偿失。余某沉思片刻，也愿意退让一步。

最终曹某赔偿余某5000元结束该纠纷，两人握手言和，并对民警表示感谢。

点评：上述纠纷为典型的经营场所、公共场所的经营者、管理者或者群众性活动的组织者，未尽到安全保障义务，造成的侵权纠纷。常见类似的侵权纠纷还有很多。笔者认为，无论是侵权纠纷、合同纠纷、相邻纠纷，还是治安纠纷，绝大多数当事人最终的目的不过是获得更多的金钱利益。正如司马迁所言："天下熙熙，皆为利来；天下攘攘，皆为利往。"

一旦懂得了这个道理，就明白了纠纷的症结所在。此时调解工作就是调解人居中给当事人算清利益账，待他们盘算下来发现调解方案能满足自己的利益需求，或在可能的情况下利益已最大化，调解成功的概率就大大增加了。

本案中，民警为余某和曹某分别算的账，让余某清醒地认识到若采取违法途径或司法途径解决纠纷，可能得不偿失；同时让曹某知晓若其不肯妥协，不但很可能会败诉，还会使餐馆生意受到影响。纠纷一直僵持下去则对双方都没有好处，当事人明确了底线，自然就放弃了最初的坚持而予以适当的让步。

该纠纷的处理看似很简单，实则需要民警对各方当事人的心态洞若观火，对利益账计算的分寸拿捏有熟稔的把握。账算清了，多数纠纷能迎刃而解，否则隔靴搔痒不得要领，自己也气急败坏，挫败工作成就感。而本案中处警民警对利益账的计算，可以应用到绝大多数纠纷的调解中。

第九节　如何处置劳资纠纷才算妥当

劳资纠纷是每年春节前夕绝大多数派出所的高发警情。如何处置劳资纠纷才算妥当？先看两个案例。

案例一：公司老板报警称，有人在公司财务部闹事。民警赶到现场后，只见财务部的文件夹散落一地，一名女子情绪激动，边拍桌子边与老板争吵。在制止了该女子后，民警逐一听取双方当事人的陈述。

原来该女子王某曾系公司员工，一个月前未按公司规定擅自离职，被扣除近一半的工资，王某无法接受便找到公司要说法。在未得到满意答复的情况下，一气之下将文件夹扔了一地。了解事情原委后，民警对王某的行为给予警告，并指出其不辞而别的行为确对公司利益造成了影响，被扣工资合法合理。同时告知公司负责人也要做好离职员工合法权益保障。该纠纷最终被顺利调解。

案例二：某房地产项目包工头胡某带领 45 名建筑工人到工地总承包人处讨要剩余的 85 万元工资款，并声称如果当日拿不到工资款便要对工地断水、断电。部分工人还手持建筑钢管，矛盾随时升级。总承包人因害怕而报警求助。经过一番沟通，民警基本了解了事情原委：发包人认为工程质量有瑕疵而决定扣除 85 万元作为后续解决瑕疵的筹码，总承包人也认为工程质量有问题，且未在发包人处拿到钱，自然不肯自己垫付钱款给包工头与工人。

经过近两个小时的调解，发包人、总承包人、包工头、建筑工人各执己见不肯退让，调解面临失败。民警于是告知包工头及建筑工人可通过仲裁、诉讼的方式解决纠纷，但包工头及建筑工人情绪激动，非要当日拿钱回家过年。

民警无奈，却并未一走了之，而是做了两件事：一是将该情况向单位领导汇报，领导指派多名特保维持现场秩序，防止矛盾升级；二是将该情况汇报至局指挥中心，指挥中心联系当地的劳动监察部门赶赴现场解决纠纷。

点评：公安机关并不是处理劳资纠纷的专业部门，却因为制度关系要面对大量的矛盾纠纷。那么，在不是专业部门，又不得不面对这类警情的情况下，如何处置好这些劳资纠纷？

笔者在本书第二章第二节《“帮助”公民解决纠纷，除了调解还有哪些形式》中提出，公安机关帮助公民解决民间纠纷的形式有四种，即调解优先、告知当事人解决纠纷的途径、直接联系或移交相关部门、帮助当事人固定证据。案例一就是采用了“调解优先”的形式结束了该起劳资纠纷，而案例二则采用了“移交相关部门”的形式进行处置。

对此，可能会有人提出疑问，“移交相关部门”算是《人民警察法》第 21 条规定“对公民提出解决纠纷的要求，应当给予帮助”中的“帮助”吗？答案是肯定的。对于如案例二那样复杂的，争议较大的劳资纠纷，如果认为只有调解成功才算帮助的话，那就是对“帮助”一词狭隘、片面的机械化理解。在调解不成的情况下，告知当事人调解纠纷的方向、移交或联系相关部门或维持好秩序避免矛盾升级，也是很重要的“帮助”形式。

第十节　如何处置不可抗力引发的纠纷

近期，某市暴发严重疫情，政府启动重大突发公共卫生事件一级响应机制，与此同时，一批与疫情相关的纠纷，也不可避免地流入公安机关。对此，公安机关应当如何处置？且看下面三个案例。

案例一：临近春节，某市暴发严重疫情，政府启动重大突发公共卫生事件一级响应机制，要求市民出行必须佩戴口罩。由于短时内人们对口罩的需求量暴涨，导致口罩供不应求。沈某前往药店准备购买100只口罩未果，某药店老板顾某声称五天内一定有货，每只口罩可能比平时涨价0.5元至1元，要求沈某先支付100元定金。沈某当场支付了100元定金。五天后，顾某未购置到口罩，通知沈某来药店退还定金。沈某非常生气。沈某认为，由于他轻信了顾某的承诺，朋友联系要赠送给他2包20只口罩，都被他婉言谢绝了，导致他现在无法获得口罩。他要求顾某必须向他双倍返还定金。而顾某认为，自己也未能想到短短几日竟找不到口罩的供货渠道，该情形应当属于法律上的不可抗力，自己也不应当承担责任。为此，双方发生纠纷。沈某报警。

民警到场了解情况后认为，严重的疫情导致政府启动重大突发公共卫生事件一级响应机制，而且口罩生产、运输和供应困难，确实属于不可抗力。但顾某在应当能够预见风险的情况下，仍在疫情期间收受定金，不应当按不可抗力处理，顾某应当向沈某返还双倍定金。民警对顾某开展了法律教育，对双方的纠纷进行了调解，顾某心服口服，接受了民警的调解意见。

案例二：春节前一个月，承租人沈某与出租人顾某签订了房屋租赁合同，租期两年，月租金2000元。春节前一周，沈某返乡过年。谁料春节期间沈某的家乡暴发严重疫情，政府启动重大突发公共卫生事件一级响应机制，封城封路，导致沈某两个月后才返回租住地。在支付房租时，沈某认为，因疫情影响，在长达两个月时间里自己并没有在租赁房居住，政府部门认定疫情为不可抗力，顾某应当免除沈某两个月的房租。而顾某则认为，租赁合同是在疫情之前签订的，不可抗力不应当成为沈某不支付租金的理由，为此二人发生纠纷而报警。

民警到场了解情况后认为，双方当事人所述理由似乎都有一定道理，一时无法认定是否应当按不可抗力处理。鉴于此，民警引导双方尊重客观事实，换位思考，不要为区区小利激化矛盾，导致租赁合同无法继续履行，双方遭受更大的损失；同时建议双方各让一步，各自承担一半的损失。双方倒也爽快，听从了民警的调解意见，纠纷很快得以化解。

案例三：沈某是某饭店的员工。春节期间某市暴发严重疫情，政府启动重大突发公共卫生事件一级响应机制。由于饭店属于人流聚集区，被感染病毒的风险大，无人前来就餐，老板顾某直接打烊，沈某回家休息。两个月后，饭店重新营业，沈某正式上班。但到月底发工资时，顾某未补发疫情期间沈某的工资，其认为疫情属于不可抗力，自己损失惨重，几乎到了破产关门的地步，不应当向沈某支付未营业期间的工资。沈某与顾某协商不成，沈某报警。

民警到场了解情况后，明确告知顾某，根据政府相关部门的特殊规定，疫情虽属于不可抗力，但对员工的工资应当正常发放。如果饭店因受疫情影响导致经营困难，可与员工协商调整薪酬或延期支付。顾某意识到自己的行为违法，听从了民警的调解建议，当场与沈某协商工资支付问题，并签订了和解协议。

点评：根据相关法律规定，不可抗力是指不能预见、不能避免并不能克服的客观情况；因不可抗力不能履行合同的，根据不可抗力的影响，部分或者全部免除责任，法律另有规定除外。前述法律规定看似简单，但在实务中却是一项疑难复杂工作，具体操作起来并不容易。哪些情形可以按不可抗力处理，法律没有作出具体规定，需要工作人员结合法律规定、具体案情甚至双方的其他约定作出判断，即便是法官，在审理案件时对不可抗力的适用也是特别谨慎。作为行政机关的民警，对民事法律的运用很难像法官那样娴熟，适用不可抗力的规定解决纠纷时更应慎之又慎。

在笔者列举的前述三个案例中，案例一属于买卖纠纷，民警对不可抗力适用的理解是准确的，因此在向顾某开展法律教育后，纠纷迎刃而解。案例二属于房屋租赁纠纷，民警无法准确判断能否按不可抗力处理，在调解中另辟蹊径，回避了不可抗力，基于公平原则，劝导双方换位思考，各让一步，纠纷顺利解决。案例三属于劳资纠纷，劳动和社会保障部门对此有明确规定，不适用民法上的不可抗力，民警明确指出顾某的违法之处，进而引导双方协商，矛盾得以化解。

前述三个案例，在疫情、台风、地震、洪水等灾害发生后，派出所会经常遇见类似的纠纷。笔者认为，实务中，如果民警能够准备判断属于适用不可抗力的情形，可以采用案例一的方式向当事人讲清法律规定，并开展调解工作。如果民警不能准确判断能否适用不可抗力的规定，可以采用案例二的方式避开适用不可抗力，引导当事人从公平的角度处理问题，各让一步，解决纠纷。如果纠纷的焦点根本不属于不可抗力，则民警应指出当事人的违法之处，并展开调解工作。如果上述几种情况均不能解决纠纷，公安机关应当及时告知当事人通过人民调解或司法诉讼的方式解决纠纷，防止矛盾升级。

第十一节　优秀的调解方案能够实现法理情的统一

在实务工作中，让个别民警和调解员都感到困惑和委屈的是：为何自己使出浑身解数提出了调解方案，却得不到当事人的认可？诚然，优秀的调解方案不仅能让各方当事人满意而归，还能使调解员的工作成就感油然而生，而糟糕的方案不仅不能化解矛盾，还有可能激化矛盾，甚至让矛盾的矛头指向调解员自身。对此，笔者整理了三个优秀的调解方案，并对案例背后成功的原理做简要点评，供读者参考。

案例一：陈某和倪某系是邻里关系，双方房屋中间有一过道阳台，两人常为阳台过道的使用发生矛盾。某日，两人再次因该问题发生口角，倪指责陈在过道晾晒衣物影响了通行，陈则不满倪常将垃圾堆放在阳台污染环境。僵持中，陈用水泼了倪，愤怒之下倪抄起地上的砖向陈扔去，致陈脚部轻微擦伤，陈报警。

来到派出所后，双方仍互相指责对方却丝毫不反思自己。民警考虑到该案属于轻微治安案件，双方今后还要相处，便移交人民调解。调解员与当事人一起前往阳台现场，经近两个小时反复磋商，提出如下调解方案：双方互相道歉；陈某不再追究倪某致自己受伤的行为；双方在交界的墙角做好标记为界，并划分 20 公分作为公共墙使用，如果有异议还可找物业一起帮忙规划。

双方对此方案很满意，并对调解员的工作点赞。就此这起邻里纠纷得到解决，在后期的走访中也未见因此事再次发生纠纷，邻里关系逐步得到改善。

案例二：某开发商因自身原因延期交房，业主集体诉讼维权。根据合同约定，开发商理应承担数以千计的住户违约金。办案法官考虑到一旦按照法律判决，开发公司将面临资金链断裂并陷入无法经营的困境，还可能导致大量员工失业。此外，一旦开发商破产，业主即使胜诉也未必能真正拿到全部赔偿。因此，无论从法律还是社会效果上预测，这样判决均非上策。

于是，法官试图去调解开发商与业主之间的纠纷。刚开始，由于调解方案与业主诉求相差较大遭到了业主的集体抵制，但法官并未因此放弃调解。经多轮谈判，厘清了利弊，并促使双方最终达成了如下方案：业主放弃追究开发商的违约金；开发商对业主前三年的物业费只收取百分之六十；业主购买车位时开发商给予一万元优惠。最终全体业主与开发商达成了协议，欢欢喜喜地在新房中开启了新的生活。

案例三：某日，平时工作兢兢业业的周某在公司车间表现出一副心不在焉的样子，工作效率较差。对此，其部门经理刘某口头批评了周某。孰知周某不仅没有虚心接受批评，还顶撞了刘某。刘恼羞成怒，在多名同事面前当场宣布扣发周当月的奖金。结果刘不但没能挽回自己的面子，还遭到了周一记拳击，所幸伤势轻微，但刘某也报了警。

公司老板得知此事后，为了维护公司领导与单位权威，立即宣布与周某解除劳动合同并让其尽快办理离职手续。民警在调解该纠纷的过程中，获悉了周某打人的原因。原来，周某的妻子近期刚失业，家庭生活压力大导致其心情烦躁，影响了工作效率，甚至还出手打人。对此，民警通过做周某与公司老板的工作，双方达成了如下协议：周某在公司同事面前向刘某道歉；刘某原谅周某的打人行为；周某接受公司扣发当月一半奖金的决定；周某继续在公司工作。

对此，周某对民警保住了自己的工作表示感激，公司也为民警挽回了公司的权威与形象而感谢民警。

点评：从上述三个案例可以看出，优秀的调解方案是双方当事人均认为方案内容对自己有利，实现双方的利益最大化。该利益不仅包括物质利益和精神利益，也包括直接利益和间接利益。

案例一中的当事人最本质的利益诉求点是都想利用阳台过道，而调解方案使双方均达到了此目的，矛盾自然就烟消云散了。

案例二中法官并没有僵硬死板地执行法律，而是另辟蹊径制定调解方案，使业主明确利害：如若己方坚持按合同判决会导致开发商破产继而失去履行能力，则即使赢了官司也拿不到赔偿。但若退一步，则会在车位与物业费上得到实实在在的优惠。最终，双方和解基本实现了各自的利益诉求。

案例三中的民警并没有仅就打架行为去处罚、调解，而是找到了矛盾的根源，在周某的物质利益得到保障的同时，也挽回了公司与领导的精神利益，将僵持的状态扭转成双赢的局面。

显然，上述三个案例最精彩的地方是调解方案达到了各方当事人均认为自己利益最大化的效果，实现了法理情相统一。

当然，实务工作中如何做到各方当事人利益最大化并非易事，因为绝大多数纠纷当事人不会换位思考，总是打自己的小算盘算计对方。趋利避害乃人之本性，不能苛责。因此，民警及调解员要站在中立的位置，直击矛盾根源，提出的方案要兼顾、平衡双方的利益诉求，甚至跳出纠纷本身与法律的条条框框的规定(但不能违背法律法规的强制性规定)，创造性地提出对双方均有利的方案。

第四章　派出所纠纷调解工作反思

第一节　预防比调解的成本还要低

周一上午，居委会治保干部刘主任向派出所社区民警李警官反映一条信息：最近，某小区 23 号与 24 号业主因停车位问题发生了争吵，治保主任知道后前往业主家协调了两次，双方均不肯让步，23 号业主扬言要把 24 号业主家的轿车给砸了，24 号业主则回敬若自己的轿车被砸将要对 23 号业主进行报复。邻里剑拔弩张，很有可能引发治安案件，甚至刑事案件。李警官获悉后，及时走访了两家业主，并将双方约至居委会的民警工作室，在详细了解了双方矛盾的前因后果与焦点后，李警官提出了一套令双方均能接受的方案，邻里矛盾就此化解。

一起极有可能升级为治安或刑事案件的纠纷因社区民警的提前介入成功避免了，而李警官之所以能提前获悉两家业主的矛盾信息，得益于其建立的一套预防矛盾机制。在实务工作中，公安机关更注重建设化解社会矛盾的机制，预防则往往不被重视或被忽略。事实上，预防矛盾机制和化解矛盾机制同样重要。古代神医孙思邈曰："上医医未病之病。"若能将百姓间的矛盾化解在萌芽、始发阶段，将会最大限度地避免矛盾升级的可能，无论对调解人还是被调解人而言，都能将解决矛盾的成本降至最低。因此，习近平总书记在党的二十大报告中提到的"在社会基层坚持和发展新时代'枫桥经验'，完善正确处理新形势下人民内部矛盾机制，加强和改进人民信访工作，畅通和规范群众诉求表达、利益协调、权益保障通道，完善网格化管理、精细化服务、信息化支撑的基层治理平台，健全城乡社区治理体系，及时把矛盾纠纷化解在基层、化解在萌芽状态。"的要求显得高瞻远瞩，十分重要，同时也对相关部门提出了具体要求。

当然，随着我国社会现代化的进程，熟人社会逐步演化成半熟人社会，甚至陌生人社会，不少矛盾纠纷呈突发性状态发生，毫无征兆，难以预防。但是，根据历年《中国法律年鉴》对全国人民调解组织和人民法院受理民间纠纷类别的统计，婚姻家庭、继承、房屋宅基地、邻里纠纷始终居高不下，数量占据纠纷总量的“半壁江山”，上述纠纷往往发生在社区内的熟人之间。此外，历年《中国法律年鉴》对全国公安机关治安案件进行分类统计，殴打他人案件一直位居榜首，数量巨大。实务工作中发现，殴打他人案件往往是由熟人间的婚姻家庭、继承、房屋宅基地、邻里等纠纷引发的。换言之，矛盾纠纷多数还是发生在社区内的熟人之间。因此，矛盾纠纷的发生是有规律可循的，且在一定程度上是可以预防的。鉴于此，为了更好地响应党的二十大报告中对社会治理的要求，笔者主要从公安机关的角度对如何建立预防社会矛盾机制提几点建议，以便“防患于未然”。

一、社区民警深入辖区排查矛盾

一般而言，社区民警的主要工作职责有做好社区实有人口管理、抓好治安行政管理、受理群众报警救助、开展社区安全防范、做好社区安全防范宣传等各项基础工作。一名优秀的社区民警在做好上述工作的同时，必然会主动深入社区与百姓建立良好的警民关系，并产生互动关系。良好的警民关系一旦建立，就能及时了解到社区内的治安动态，对那些邻里之间已有治安或刑事案件发展苗头的矛盾纠纷也能及时关注、及时介入。并且与百姓有了感情基础和信任以后，有些百姓会主动反映邻里或家里的矛盾纠纷，请求公安机关帮忙化解。因此，社区民警要深入社区与百姓多接触才能掌握到治安信息，及时化解矛盾，才能事半功倍地获得较好的治安环境。因为公权力的原因，社区民警可能是最后一个知道矛盾纠纷线索的人，但排查仍然是获取矛盾纠纷线索的重要手段。

二、利用网络沟通工具获取矛盾纠纷线索

在当今社会，人与人之间的交流方式早已从传统的面对面交流发展成了面对面和使用网络沟通工具并用的交流。很多社区民警的工作方式也随之发生了变化，如为了更好地服务百姓，在其管辖的小区、企业等单位建立微信群、微博或QQ群等现代工作交流方式。这些交流方式，不仅能及时与百姓沟通并服务于他们，还可获取小区、企业里的矛盾纠纷信息，因为小区、企业里的百姓和物业、企业间发生的涉及物业费、工资、维权等群体性矛盾纠纷有时会在微信群里透露或者直接传播。因此，社区民警要建立并充分利用网络，一旦发现群体性矛盾纠纷线索，要及时甄别，争取将矛盾化解在初期阶段，避免发展成群体性事件。

三、与人民调解组织建立信息共享机制

当前，化解社会矛盾的单位或组织主要有司法调解、人民调解、行政调解及律师调解等。尤其是人民调解，因其调解单位具体分布在各个村（居）民委员会及一些企业，与百姓接触较为紧密，容易掌握矛盾纠纷的线索，在调解矛盾纠纷方面具有一定优势。近年来，人民调解组织为了增加调解成功率，与人民法院共同在制度上付出了不少努力，也取得了一定的社会效果，但由于诸多原因，仍然有不少矛盾纠纷人民调解不能彻底解决。按理说，人民调解不能化解的矛盾纠纷会流入人民法院或相关单位，但在实务工作中发现，部分矛盾纠纷当事人因为成本、精力的考虑及法治意识的淡薄，不会去任何单位寻求解决，而是采取极端、过激、违法的方式解决问题。因此，对那些不愿意通过合法途径解决而又可能激化的矛盾纠纷，公安机关应及时介入，这就需要公安机关和人民调解组织建立信息共享机制，便于公安机关及时掌握信息、及时介入。

需要强调的是，笔者并非赞成所有人民调解处理不了的矛盾纠纷均由公安机关来处理，而是针对极易引起治安、刑事案件，甚至群体事件的民间纠纷。

四、发挥群防群治队伍收集信息的能力

群防群治的队伍主要有企事业单位保卫组织、治安保卫委员会、治安信息员队伍、治安积极分子（志愿者）队伍、暂住人口专（兼）职协管员队伍等。众所周知，对社会治安的防范，除了公安机关外，群防群治队伍也是社会治安防范的一支重要队伍。长期以来，群防群治队伍，如“朝阳群众”提供了很多有价值的情报信息，为公安机关打击违法犯罪行为立下汗马功劳。

实务工作中发现，在重要的情报信息中，部分是嫌疑人的违法犯罪信息，更多的还是涉及社区内矛盾纠纷的信息。然而，不少社区内群防群治的力量还十分薄弱，未能引起公安机关的重视。因此，社区民警要组建好辖区内的群防群治队伍，重视他们反映的情报信息，对于那些易引发治安或者刑事案件的情报信息要高度重视，及时解决或告知当事人通过合法的途径解决问题。

第二节 “曲突徙薪”中的“客人”应经常亮相舞台中央

客有过主人者，见其灶直突，傍有积薪。客谓主人：“更为曲突，远徙其薪；不者，且有火患。”主人嘿然不应。俄而，家果失火，邻里共救之，幸而得息。于是杀牛置酒，谢其邻人，灼烂者在于上行，余各以功次坐，而不录言曲突者。人谓主人曰：“乡使听客之言，不费牛酒，终亡火患。今论功而请宾，曲突徙薪之恩泽，焦头烂额为上客耶？”主人乃寤而请之。

上述典故名为“曲突徙薪”，出自《汉书·霍光传》。该历史典故警示后人，从源头上消除可能导致事故发生的不利因素，防患于未然，是避免事故发生的最有效途径；那些在源头治理上默默奉献的人，看似不如赴汤蹈火的斗士的事迹感人，实为不可忽视的功臣。由历史回到现实，典故依然具有可供我们反思的现实意义。近年来，各级公安机关提前预防化解矛盾的意识在不断增强，工作力度在不断加大，但对那些终日忙碌在一线，及时发现并将问题有效解决在萌芽状态的“客人”的培养和重视程度，个别地方的工作显然没有前移到位。

在公安基层多数派出所，矛盾纠纷的数量占报警总量的30%左右。因此，调解各类矛盾纠纷便成了基层民警的日常重要工作之一。这项工作节约了当事人成本、避免了矛盾进一步升级，相信有基层工作经验的民警对此深有体会。正是基层民警像“曲突徙薪”中的“客人”那样日复一日默默无闻地工作、付出，将社会矛盾纠纷化解在第一时间，化解在现场，为维护社会和谐稳定起到了重要作用，国家力量才能成为人民群众遇到困难时的重要依托、坚强后盾。因此，对这些在基层一线岗位上默默耕耘的劳动者理应给予表彰，以慰其辛劳。

然而，在各种表彰奖励或业务标兵评比的舞台中央却较少出现他们的身影，调解工作似乎并没有那么重要。究其原因，纠纷调解工作的社会影响并不如刑事案件般能吸引大众的关注。《黄帝内经》曰：“圣人不治已病治未病，不治已乱治未乱。”其意不言而喻。在公安工作中，打击违法犯罪固然是重中之重，但纠纷调解工作也不可忽视。矛盾若在萌芽状态未能及时制止，会有升级成治安、刑事案件甚至群体性事件的可能，此时，打击工作将会令公安机关在时间、精力等方面的代价成倍增加。因此，相关部门应对基层民警的调解工作给予足够重视，制定相应的调解考核奖励机制，鼓励基层民警愿意付出更多的精力将矛盾化解在初期、萌芽阶段，为社会的稳定打下一个更加坚实的基础。

当然，笔者在呼吁对调解纠纷工作应该给予更多重视、奖励的同时，并没有忘记权利与义务的对等性。我们不能一味地想到奖励，而忽略了在这项工作中易犯下的各种错误。因此，要对这项工作进行必要的监督。实务工作中，如果治安案件符合调解条件，且受理案件、收集证据、组织调解、履行协议、存档案卷等工作基本上掌握在办案民警手上，法制部门与领导较少关注，不像办理刑事案件那样有一套较为成熟的、严格的审批流程。这就意味着，民警的调解工作较少受到监督。而一旦缺少监督机制，民警的自由裁量权有时候就会被放大。此外，当前法律、法规及规范性文件对公安行政调解的规定在很多环节上较为原则、抽象，甚至还存在一些争议之处。正是在这种情况下，在具体的调解工作中容易导致违背当事人调解意愿、超期调解、超范围调解及程序不规范等各类问题，其过程与结果就会产生有悖于法律精神、侵犯当事人权利，影响公安机关公信力的事情。

鉴于此，笔者认为，上级部门应在对调解工作更加重视的同时，也应对调解工作建立起监督机制，规范这项工作。对此，笔者建议应该从以下几个方面做起：

一、制定内部监督制度

当前，对于刑事案件的处理有着一套极为规范的办案流程。办案过程中，能受到单位分管领导、上级法制部门与上级领导的把关和监督，很大程度上能在程序与实体方面保障案件的正常进行，防止出现违法现象。此外，对于这些案件的办理，事后上级部门还会将办案单位和民警纳入考评范围之内，实行倒查机制。对此，笔者认为可以将这套监督机制中的部分程序引入调解工作中，如此，可以在很大程度上避免诸如证据收集不及时、事实了解不清楚、法律文书制作不规范、强制调解及扩大调解范围等问题。当然，对于调解工作的监督，不可能像对刑事案件那样严格，因为调解的结果往往千差万别，须给民警一定的自由裁量权，否则民警在调解的时候过于瞻前顾后，可能导致一些应该调解的案件被处罚处理，就不利于化解百姓间的矛盾，失去了监督的意义。因此，对于调解工作的监督应该控制在一定的度上。对民警实施一定的监督，又赋予其一定的自由裁量权，能够使办案民警既感受到压力，又能从程序与实体上严格执法。

二、引入当事人监督机制

治安调解协议是当事人自愿、自由协商的结果，从理论上讲，无论是调解意愿还是调解协议的内容，都应符合自愿原则。但实际上民警在促使双方当事人达成协议的过程中往往扮演着重要角色，有时甚至起着决定性作用。所以，对于公安调解工作的结果，双方当事人在内心一定有一个评判标准。如有任何一方当事人对调解结果表现出较大的不满、反感，便失去了调解的意义，就是失败的调解，这样的调解协议应被撤销或更改。笔者认为，为了使调解工作更顺利有效地开展，在民警调解工作结束后的三日内，基层派出所的分管领导或上级部门等可以随机抽查部分调解协议书、笔录等案卷材料，对当事人进行电话回访，了解民警在调解过程中是否违背了当事人的调解意愿及民警有无违法行为。如此，能对参与调解工作的民警起到一定的警示与督促作用。

三、建立相应的过错问责机制

在对化解百姓矛盾、维护社会和谐做出贡献较多的民警予以奖励的基础上，公安机关还需对在调解工作中出现违法、违规问题的民警进行相应的惩罚。例如，民警在调解纠纷过程中存在不负责的行为或消极不作为而引起恶性刑事案件或群体性事件；在调解治安纠纷过程中民警忽略证据收集使得调解失败后无法施以行政处罚而导致案件久拖不决；民警受到外界某些因素的干扰，对寻衅滋事等明显不在调解范围的违法行为进行治安调解；民警违背当事人意愿，强迫当事人接受调解或履行调解协议内容；等等。若发现民警有上述或其他违背法律程序与实体内容的调解行为，须在一定程度上对其进行惩罚，同时也可以对其他民警予以警示教育。

第三节　公安机关可否调解中国人与外国人的治安纠纷

——解读《治安管理处罚法》第9条之“民间纠纷”

潘某和张某系隔壁邻居，共用一个总水阀。某日，因潘某家浴室问题在换水阀时关掉了总水阀，造成张某家停水。张某的妻子刘某误认为潘某故意关掉总水阀，张某一气之下到潘某家理论，后又对潘某拳脚相加。潘某报警。后经验伤，潘某的伤势构成轻微伤。

事后，张某认识到自己的过错，主动到潘某家道歉要求和解，潘某自知关掉总水阀造成张某家停水并辱骂刘某有错在先，原谅了张某的一时冲动，希望公安机关调解处理。因该案系典型的邻居纠纷引发的治安案件，符合《治安管理处罚法》第 9 条“对于因民间纠纷引起的打架斗殴或者损毁他人财物等违反治安管理行为，情节较轻的，公安机关可以调解处理”的规定，故办案民警同意二人的调解意愿，双方当事人道歉赔钱了事，公安机关不再追究张某的法律责任。

从上述规定可以看出，打架斗殴或者损毁他人财物等违反治安管理行为可以进行治安调解的前提条件是，由民间纠纷引起。所以，准确理解民间纠纷的概念十分关键。对于如何解释民间纠纷，虽然《治安管理处罚法》第 9 条并未作出规定，但在规范性文件《公安机关治安调解工作规范》第 3 条第 2 款作了补充解释。该规范性文件对民间纠纷的定义是，民间纠纷是指公民之间、公民和单位之间，在生活、工作、生产经营等活动中产生的纠纷。但笔者认为上述解释在实务工作中仍然存在模糊、争议之处，容易导致办案民警对治安案件是否可以进行调解引发争议，因为引起治安案件发生的纠纷是不是民间纠纷，根据上述定义进行判断有时候并不是一件简单的事情。鉴于民间纠纷的界定关乎治安调解案件之范围，因此，笔者认为，有必要对民间纠纷概念中的几个细小问题作简要的探讨。

一、对“公民”范围的认定与定义的理解

一种观点认为，公民的范围应限定在邻里、家人、乡亲、同事及同学等特定人群之间，但笔者认为，若将主体限定在上述人群之间，则范围太过狭窄，不利于化解社会矛盾。比如，陌生人之间发生口角后的肢体冲突、购物过程中顾客与老板发生的消费纠纷导致故意损毁财物等违反治安管理的行为，情节较轻的，在实务工作中均在治安调解范围之内，不应对当事人直接予以行政处罚。毕竟当前中国正从熟人社会向半熟人社会甚至陌生人社会转变，尤其在大城市中越来越多的治安纠纷发生在陌生人之间，若陌生人之间的矛盾纠纷不调解处理，显然有违立法本意，不利于百姓间矛盾的化解与社会的稳定。因此，笔者认为，“公民”之间的范围不仅包括特定关系的公民间，还应包括无特定关系主体间发生的民间纠纷引起的打架斗殴或故意损毁财物等治安案件。

此外，我国法律对公民的定义是指具有一国国籍，并根据该国法律规定享有权利和承担义务的人。那么，外国人或无国籍人在我国因民间纠纷引起的违反治安管理行为是否可以调解呢？如果根据我国法律对公民的定义，公民的范围显然不包括外国人和无国籍人，他们之间的治安纠纷公安机关是不能调解处理的。而实务工作中，外国人间、无国籍人间、外国人与无国籍人间、外国人或无国籍人与中国公民间因民间纠纷引发的违反治安管理行为，情节较轻的，公安机关显然

也是可以调解处理的。故笔者建议，在以后的法律修改或法律解释中应以“自然人”取代“公民”，如此便能减少争议，亦能更加明确治安纠纷的调解范围。

二、对“单位”的理解

一般认为，单位是指机关、团体、法人、企业等非自然人的实体或其下属部门。笔者认为，根据上述范围规定，公民与机关、团体、法人、企业等非自然人的实体或其下属部门因纠纷引发的情节较轻的治安案件都可以调解。即使争议双方中存在行政机关这样的“官”，只要双方主体之间是平等的，“官”在纠纷中是以“民”的形式存在的，均在可调解之列。那么，法人之间的纠纷是否可以调解呢？笔者认为，法人间的纠纷更多的是属于经济纠纷，应通过仲裁或者诉讼方式解决，公安机关不能主动插手调解，法人间如有违反治安管理行为应按照法律规定对相关责任人进行行政处罚。

三、对“纠纷”内容的理解

《公安机关治安调解工作规范》第 3 条第 2 款将纠纷的内容解释为在生活、工作、生产经营等活动中产生的纠纷。但在实务工作中，民间纠纷究竟为何种纠纷仍较为模糊。

在现行法律规范中，最早对民间纠纷进行定义的是司法部颁布的《民间纠纷处理办法》(1990 年 4 月 19 日施行，以下简称《办法》)。该《办法》第 3 条规定，基层人民政府处理民间纠纷的范围，为《人民调解委员会组织条例》规定的民间纠纷，即公民之间有关人身、财产权益和其他日常生活中发生的纠纷。笔者认为，上述规定将纠纷的内容界定在人身、财产权益和其他日常生活中发生的纠纷较为准确，也便于在实务工作中操作。作为专门调解民间纠纷的人民调解，其解释理应参照该规定。根据工作经验，笔者认为，民间纠纷的具体分类如下：人身权益的纠纷主要有家庭纠纷、婚姻纠纷、收养纠纷、继承纠纷等；财产权益纠纷主要有债务纠纷、买卖纠纷、租赁纠纷、劳资纠纷、运输纠纷、中介纠纷、交通事故纠纷、医疗损害纠纷、动物损害纠纷、物件损害纠纷、相邻纠纷、土地宅基地纠纷等；其他日常生活中发生的纠纷主要有邻里之间的口角纠纷，朋友间的恋爱纠纷以及其他好意施惠等引发的纠纷等。

第四节　哪些违反治安管理的行为可以调解

——解读《治安管理处罚法》第9条之“等”字

许某和张某（未满18周岁）系同一中学的学生。暑假里，两人趁夜到住处附近的瓜地里偷了两个西瓜（价值约30元），然尚未走出瓜地便被瓜农杨某抓获，后报警。民警到现场取证后将许某、张某二人传唤至派出所，并通知二人父母。假如在派出所，许某、张某向杨某道歉，杨某也原谅了许某、张某的违法行为，此时公安机关能否以《治安管理处罚法》第9条“对于因民间纠纷引起的打架斗殴或者损毁他人财物等违反治安管理行为，情节较轻的，公安机关可以调解处理”之规定，接受许某、张某及许某、张某之父母的调解请求？

笔者认为，一个前提问题是，许某、张某盗窃西瓜的违法行为属不属于公安机关可调解的范围。仅从《治安管理处罚法》第9条看，显然无法回答上述问题。而公安机关对哪些违反治安管理的行为可以调解，又是实务工作中十分重要且充满争议的问题。因此，有必要对公安机关调解治安纠纷的范围进行探讨，即如何理解《治安管理处罚法》第9条之“等”字。

一、法律法规对治安纠纷调解范围的规定

《治安管理处罚法》（2006年3月1日施行）第9条规定，对于因民间纠纷引起的打架斗殴或者损毁他人财物等违反治安管理行为，情节较轻的，公安机关可以调解处理。如何理解上述法条中的“等”字？是等内还是等外？若作“等外”理解，除打架斗殴或损毁他人财物的行为外，还有哪些案件可调解？在实务工作中，治安纠纷的调解范围直接影响公安机关的处理方式并最终关系百姓的切身利益，因此，笔者认为，在理解“等”字之前需对相关法律法规进行梳理。

在《公安机关执行〈中华人民共和国治安管理处罚法〉有关问题的解释》（2006年1月23日公安部，公通字〔2006〕12号印发，以下简称《解释》）第一部分关于治安案件的调解问题中，将可以调解的治安纠纷限定在打架斗殴、损毁他人财物、制造噪声、发送信息、饲养动物干扰他人正常生活，放任动物恐吓他人、侮辱、诽谤、诬告陷害、侵犯隐私、偷开机动车等范围内。

《公安机关治安调解工作规范》（2007年12月8日公安部，公通字〔2007〕81号印发，以下简称《工作规范》）第3条规定，可以调解的治安纠纷范围为

殴打他人、故意伤害、侮辱、诽谤、诬告陷害、故意损毁财物、干扰他人正常生活、侵犯隐私等违反治安管理行为。

《公安机关办理行政案件程序规定》（2018 年 11 月 25 日公安部令第 149 号发布，自 2019 年 1 月 1 日起施行，以下简称《程序规定》）第 178 条规定，治安纠纷的调解范围为殴打他人、故意伤害、侮辱、诽谤、诬告陷害、故意损毁财物、干扰他人正常生活、侵犯隐私、非法侵入住宅等情节较轻可以调解处理的违反治安管理行为。

二、法律法规对治安纠纷调解范围规定的变化及原因

上述三个规范性文件对治安纠纷调解范围的规定是存在差异的。与《治安管理处罚法》相比，《解释》的调解范围增加了制造噪声、发送信息、饲养动物干扰他人正常生活、放任动物恐吓他人、侮辱、诽谤、诬告陷害、侵犯隐私、偷开机动车九类治安案件；《工作规范》和《程序规定》对调解的规定基本一致，但与《治安管理处罚法》相比，增加了故意伤害、侮辱、诽谤、诬告陷害、干扰他人正常生活、侵犯隐私、非法侵入住宅七类违反治安管理行为，和《解释》相比增加了非法侵入住宅的治安案件，但减少了制造噪声、发送信息、放任动物恐吓他人三类治安案件，同时将放任动物恐吓他人正常生活改正为干扰他人正常生活；而《程序规定》相较于《工作规范》增加了非法侵入住宅。

从施行时间上看，《解释》在《治安管理处罚法》正式施行之前，《工作规范》和《程序规定》在《解释》之后。按照“后法优于先法”的原则，《程序规定》在法律效力上最高，即治安纠纷的调解范围应以《程序规定》为准，应包括殴打他人、故意伤害、侮辱、诽谤、诬告陷害、故意损毁财物、干扰他人正常生活、侵犯隐私、非法侵入住宅等违反治安管理行为。至此，治安纠纷的调解范围基本已有明确的范围，但本文要探讨的是“等”字的理解范围，因此，需继续探讨《解释》《工作规范》和《程序规定》的治安纠纷调解范围变化原因的规律。

第一，不变的治安纠纷调解范围。无论是《解释》《工作规范》还是《程序规定》，殴打他人、侮辱、诽谤、诬告陷害、故意损毁财物、侵犯隐私均为治安纠纷的调解范围。《治安管理处罚法》中的侵犯人身权利、财产权利行为的社会关系是上述六类治安案件的共同客体。第二，增加的治安纠纷调解范围。《程序规定》较《工作规范》增加了非法侵入住宅，较《解释》增加了故意伤害，所增内容也均为侵犯人身权利、财产权利的行为。第三，减少的治安纠纷调解范

围。《工作规范》和《程序规定》《解释》相比，减少的是偷开机动车、放任动物恐吓他人。上述两项行为侵犯的客体是《治安管理处罚法》中的妨害社会管理的行为。

可见，法律保持不变的调解范围和增加的范围侵犯的客体均是《治安管理处罚法》中的侵犯人身权利、财产权利行为的社会关系，而减少的调解范围的共同客体是《治安管理处罚法》中的妨害社会管理行为的社会关系。由此可见，公安部对可调解治安案件的范围仅限定在侵犯人身权利、财产权利的行为之内。

再看治安纠纷变更的调解范围。《程序规定》《工作规范》和《解释》将制造噪声、发送信息、饲养动物干扰他人正常生活变更为干扰他人正常生活。变更后的陈述乃是概括式列举，其范围到底包括哪些行为呢?《治安管理处罚法》中干扰他人正常生活包括多次发送、侮辱、恐吓或者其他信息、制造噪声和放任动物恐吓他人三项干扰他人正常生活的治安案件。那么，干扰他人正常生活是指其中一项还是全部，笔者认为，仅指发送信息造成的干扰他人正常生活，不包括制造噪声和放任动物恐吓他人。因多次发送淫秽、侮辱、恐吓或者其他信息，干扰他人正常生活侵犯的客体为侵犯人身权利、财产权利行为的社会关系，而制造噪声和放任动物恐吓他人干扰他人正常生活侵犯的客体是妨害社会管理行为的社会关系。当然，这背后所隐含的法理是私权优于公权，权利可以处分、放弃，而秩序必须维护。

由此可见，《治安管理处罚法》第 9 条中的“等”字是应作等外理解的，那么《程序规定》中的“等”字又如何理解?笔者依然认为应作“等外”理解，其范围应包括扩大到《治安管理处罚法》第三节侵犯人身权利、财产权利的行为中所有因民间纠纷引起的违反治安管理行为。

三、扩大治安纠纷调解范围的理由

为何要扩大治安纠纷调解范围，原因有四：其一，侵犯人身权利、财产权利的案件属于侵犯私权利的案件，权利人对享有的权利本身具有处分权，既可行使也可放弃，使得该类案件具有天然的可调解性。其二，《刑事诉讼法》的修改扩大了调解范围。《刑事诉讼法》第 288 条将因民间纠纷引起、涉嫌刑法分则第四章、第五章规定的犯罪案件纳入调解范围，即将《刑法》规定的侵犯公民人身权利、民主权利罪和侵犯财产罪公诉案件纳入可调解范围。按照刑法“举重以明轻”的原则，《治安管理处罚法》中侵犯人身权利、财产权利治安案件就应纳入可以调解的范围。其三，有利于保护被侵害人的利益。如果违法行为人能主动承担违法责任，对自己的违法行为所造成的损失进行赔偿，将有利于被侵害人利益的保护。其四，有利于社会矛盾的化解。如果扩大侵犯人身权利、财产权调解范围，违法行为人真诚悔过并进行赔偿，被侵害人谅解，受损的社会关系得到修整、恢复，有利于在整体上化解社会矛盾，促进社会和谐。

四、结语

笔者对本文中的几个问题进行简要总结。

首先，笔者认为，将《工作规范》《程序规定》与《解释》对调解范围不变、增加、减少的内容相对比，公安部对可以调解治安案件的范围限定在侵犯人身权利、财产权利的行为之内，即只有违反《治安管理处罚法》第三节侵犯人身权利、财产权利的行为，才可以调解。

其次，笔者认为，无论是《治安管理处罚法》第9条中的“等”字，还是《程序规定》中的“等”字，均作“等外”理解，其范围应扩大到《治安管理处罚法》第三节侵犯人身权利、财产权利中所有因民间纠纷引起的违反治安管理行为。比如，《程序规定》中的殴打他人、故意伤害、侮辱、诽谤、诬告陷害、故意损毁财物、干扰他人正常生活、侵犯隐私、非法侵入住宅等违反治安管理行为之所以可以调解，是因为上述行为基本上都是因民间纠纷引起的。

但是，并非所有违反《治安管理处罚法》第三节侵犯人身权利、财产权利的行为都可以调解。例如，盗窃、诈骗、哄抢、抢夺、敲诈勒索等行为就不可以调解，因为上述行为几乎不可能由民间纠纷引起（如确因民间纠纷引起，笔者认为也可以调解处理）。当然，在实务工作中也存在盗窃案的违法行为人拿钱“赎罪”的现象，其原因可能在于违法行为人的情节特别轻微，或已主动消除、减轻违法行为后果并取得被侵害人谅解后，公安机关依据《治安管理处罚法》第19条之规定，对违法行为人减轻处罚或者不予处罚。公安机关在类似情况下的不予处罚与调解存在本质区别，不可混为一谈。

再次，笔者认为，多次发送淫秽、侮辱、恐吓或者其他信息，干扰他人正常生活的行为可以调解，因为其侵犯的客体是人身权利、财产权利行为的社会关系。但是，制造噪声、饲养动物，干扰他人正常生活的行为不可以调解，因其侵犯的客体是妨害社会管理行为的社会关系。

最后，笔者认为，偷开机动车、放任动物恐吓他人的行为不可以调解，因其侵犯的客体是妨害社会管理行为的社会关系，且《工作规范》《程序规定》在调解范围内已将上述行为删除。

第五节　当事人签订协议后反悔怎么办

老王和老李系多年邻居，某日因琐事发生争议，老王辱骂老李，老李以拳相报，经鉴定，老王构成轻微伤。公安机关受案后立即收集并固定相关证据。该案显然属于情节较轻的违反治安管理的行为，在双方自愿的前提下，民警展开调解，老李当场向老王致歉并承诺三日内赔偿其医疗费、误工费等共计 1000 元人民币，老王则当场原谅老李并表示不再追究其法律责任。双方在公安机关的主持下正式签订了《治安调解协议书》。然而，三天后老李以老王辱骂自己在先为由拒绝履行协议，并认为自己已向老王道歉，老王应自行承担所有损失。那么，双方当事人在公安机关主持下签订的《治安调解协议书》是否具有法律效力？若当事人事后反悔，公安机关又将何去何从？

《治安管理处罚法》第 9 条规定，对于因民间纠纷引起的打架斗殴或者损毁他人财物等违反治安管理行为情节较轻的，公安机关可以调解处理。经公安机关调解，当事人达成协议的，不予处罚。经调解未达成协议或者达成协议后不履行的，公安机关应当依照本法的规定对违反治安管理行为人给予处罚，并告知当事人可以就民事争议依法向人民法院提起民事诉讼。笔者试分别从当事人和公安机关两个角度对该法条之于治安调解的法律效力进行梳理、解读。

一、对当事人的法律效力

对符合治安调解条件的违法行为，当事人可主动要求公安机关调解处理，一般情况下公安机关不得拒绝。若当事人拒绝调解，公安机关则需对违法行为人进行行政处罚。同时，治安调解不具有强制执行力。一旦当事人对已达成的协议反悔，公安机关只能依法处理违法行为人，不得强迫当事人履行协议内容。

二、对公安机关的法律效力

在公安机关主持下，一旦双方当事人达成协议并履行完毕，公安机关即丧失对违法行为人再处罚的权力。若双方当事人未达成协议或未履行已达成的协议，则公安机关必须对当事人作出行政处罚，别无他选。

由此可见，由公安机关主持签订的治安调解协议具有一定的法律效力，但公安机关对当事人是否履行协议内容不具有强制执行力。换言之，当事人对自己签订的协议有随时反悔的权利，任何一方当事人若反悔或拒绝履行协议，协议则成为一纸空文，重归行政处罚之路。

虽然当事人签订协议后反悔的情况在基层公安工作中并不常见，但确实存在一定比例，且负面影响较大。其一，造成警力资源的浪费。调解纠纷的重要性看似不如打击违法犯罪，但其所耗时间及警力并不比办案少，尤其是情况复杂的纠纷，若当事人拒绝履行协议，则所有的调解工作将会前功尽弃。其二，不利于提高执法效率。基层公安工作繁忙、警力缺乏是个不争的事实，在此前提下，提高工作效率乃是必然之举。若当事人出尔反尔，公安机关的工作效率必将大打折扣。其三，公安机关的权威将受到负面影响。如果当事人对亲手签订的协议任意反悔而公安机关却束手无策，则公安机关之权威必遭另一方当事人质疑。

鉴于此，为了有效避免上述情况的发生，笔者认为应对治安调解赋予完全法律效力和强制力。理由有二：其一，理论依据。公安机关作为中立第三方解决纠纷，在法律法规允许的范围内居间调解使双方当事人达成合意，其目的在于保证整个调解过程与结果的公正，可参照《民事诉讼法》第 97 条“调解书经双方当事人签收后，即具有法律效力”之法条依据，重塑治安调解的法律效力。其二，现实需要。调解治安纠纷乃公安基层工作的重要组成部分，所投入的警力很大，一旦纠纷调解成功却又因当事人反悔变成一纸空文，不仅对民警的工作积极性造成冲击，也影响到公安机关的权威形象。

当然，赋予治安调解法律效力和强制力需严格遵循法律程序来予以保障，以免侵犯当事人权利。笔者认为，程序应当如此：其一，遵循自愿原则。无论是双方当事人的调解意愿还是调解内容，均应是当事人的真实意思表示，不能强迫当事人接受调解。其二，对协议内容进行法律评估。对当事人自愿达成的协议内容，公安机关需进行法律评估，要遵循合法原则，不得出现明显背离法律规定偏向其中一方当事人的协议。其三，设定法定履行期限。对已达成的协议应设定法定履行期限以产生拘束力和强制力，且不得反悔。法定期限以三天为宜，设置该期限的目的是给当事人提供一种救济手段，对调解过程中出现的公安机关的不公或其他影响并导致协议不公平的情况提供一个救济的空间。其四，设定反悔的条件。对调解违背自愿原则、违反调解程序、内容违法或当事人因重大误解而达成的协议等，应赋予当事人申请变更或撤销协议的权利。

第六节　劳动争议公民为何不喜欢仲裁与打官司

某劳务中介公司临时雇用了30名工人给某工厂配发商品，双方口头约定了工作时间、报酬等事项。中介因组织不力，致工作结果未达到预期。中介认为原因在于工人，要将工资打折扣，而工人则坚称责任主要在中介，于是发生纠纷。夜里10时，笔者和同事出警时，工人已讨要工资3个多小时。从现场氛围判断，这起劳资纠纷距离发展成治安、刑事案件仅有一步之遥。尽管我们耐心调解这起纠纷，终因双方诉求差距过大而未果。后工人扬言，若次日零点之前未得到自己应有的报酬，将采取非法手段解决。我们遂将此事汇报上级部门，在上级部门与主管劳资纠纷的部门（均下班）沟通未果的情况下，指派多名警察赶赴现场处理。后经我们持续协调，终于在次日凌晨两点勉强将这起纠纷化解。

上述纠纷属于典型的劳资纠纷（公安机关一般称之为民间纠纷）。根据《劳动法》第79条规定："劳动争议发生后，当事人可以向本单位劳动争议调解委员会申请调解；调解不成，当事人一方要求仲裁的，可以向劳动争议仲裁委员会申请仲裁。当事人一方也可以直接向劳动争议仲裁委员会申请仲裁。对仲裁裁决不服的，可以向人民法院提起诉讼。"从上述法律规定可以看出主管劳资纠纷、工伤纠纷等劳动争议的单位是本单位劳动争议调解委员会、劳动争议仲裁委员会、人民法院，而非公安机关。

然而，在实务工作中，数量不少的劳资纠纷却涌入公安机关。一些劳资纠纷往往容易升级为治安、刑事案件，甚至群体性案件，为了防止矛盾激化，公安机关只能利用自己的权威和辖区良好的群众基础不断地从中调解，促使双方各自让步、妥协，将矛盾化解，基本能保护当事人的合法权益。但是，由于公安机关不具有解决劳资纠纷的权限和专业的法律知识，更多的劳资纠纷很难在公安机关那里得到解决，民警只能告知当事人解决问题的合法途径。现实情况是，当事人并非如公安机关所愿去仲裁、去诉讼，而是陷入反复报警、矛盾不断升级、公安机关反复出警的怪圈。而这一结果的负面效果非常明显，不仅耗费公安机关大量的警力和精力导致影响到其主要工作职责，还容易使公安机关的公信力被推至公众的对立面，影响公安机关的形象。

笔者主要对劳动争议流入公安机关之根本原因展开论述，目的主要是分享笔者在基层执法时的困惑和后续的研究发现。

一、调解和仲裁效力不具有强制执行力

根据《劳动争议调解仲裁法》第10条的规定，发生劳动争议后，当事人不愿意协商的，可以到企业劳动争议调解委员会，依法设立的基层人民调解组织，在乡镇、街道设立的具有劳动争议调解职能的组织，申请调解。众所周知，上述三个组织属于人民调解，尽管经过调解双方达成的协议书具有法律效力，但无强制执行力，往往费尽周折达成的协议因为企业的反悔，成为一纸空文。此外，如果当事人不同意调解，只能接受劳动仲裁，但是按照该法第50条规定，当事人对本法第47条规定以外的其他劳动争议案件的仲裁裁决不服的，可以自收到仲裁裁决书之日起15日内向人民法院提起诉讼；期满不起诉的，裁决书发生法律效力。如果用人单位在15日以内向人民法院提起诉讼，也就意味着仲裁委员会作出的裁决如调解协议一样，变成一纸空文，前面所做的努力将付诸东流。在实务工作中，不少当事人便转而报警求助警方，尽管在公安机关的调解下达成的协议也无强制执行力，但是一些企业却因为自身可能存在其他方面的问题往往忌惮于公安机关的权威或者和社区良好的警民关系，会给公安机关“面子”，协议的内容倒容易得到执行。当然，公安机关能够调解成功的概率并不是很高，但有时候确实能很快解决问题。一旦有调解成功的案例，一定会影响到后面人的选择。

二、仲裁与诉讼的维权成本大

根据《劳动争议调解仲裁法》及《民事诉讼法》的相关规定，对于劳动争议的处理，我国实行的是“仲裁前置”的单轨制，也就是说劳动仲裁是劳动诉讼的必经程序。实务中，一些用人单位明知劳动仲裁裁决书在法院那里不可能得到改判，但仍要把所有的程序走完，以遏制其他劳动者后效。如此，一件劳动争议案件从仲裁到二审，可能需要一年甚至更长的期限才能得到解决，这还不包括法院执行程序的时间。如果是工伤案件，还要做工伤认定、工伤鉴定，可能需要两年甚至更长的时间。虽然仲裁不收费，诉讼费也很少，但对劳动者来说可能需要律师费、差旅费等，更重要的是在维权过程中的时间和精力的消费对于大多数普通的、异地流动的务工者来说是无法承受的。对于大量的金额不多的劳动争议，劳动者最终得到的可能要小于付出的。因此一些当事人便采取堵门、拉横幅等违法的方式去维权，而公安机关必然要出警。如果公安机关想避免矛盾的进一步升级，尤其在主管单位非工作时间内，解决问题的关键只能是想方设法化解双方的矛盾。鉴于此，一些当事人便放弃了合法的维权方式，去公安机关那里碰碰

运气，就算他们在公安机关那里得不到满意的解决，只要没有违法行为，他们几乎不需要付出代价。

三、劳动仲裁委员会行政色彩浓厚

根据《劳动争议调解仲裁法》第 17 条、第 18 条规定，“省、自治区人民政府可以决定在市、县设立；直辖市人民政府可以决定在区、县设立。直辖市、设区的市也可以设立一个或者若干个劳动争议仲裁委员会。劳动争议仲裁委员会不按行政区划层层设立”“国务院劳动行政部门依照本法有关规定制定仲裁规则。省、自治区、直辖市人民政府劳动行政部门对本行政区域的劳动争议仲裁工作进行指导。”从上述规定可以看出，劳动争议仲裁委员会仍是由政府设立，仲裁规则也是由行政部门制定并对工作进行指导。由于劳动仲裁委员会开展工作需要最基本的人员编制、办公场所、财产等，《劳动争议调解仲裁法》没有作出具体规定，也就意味着劳动仲裁委员会的工作明显受制于行政机关，对政府负责并报告工作。此外，劳动仲裁委员会的人员本身还兼有劳动行政部门的其他工作，一些人在思想上也没有分清自己是劳动行政部门的官员还是仲裁委员会的仲裁员。立案、裁决、结案等程序也需要劳动行政部门的相关领导审批，以致劳动仲裁委员具有浓厚的行政色彩，缺乏中立性。而这一特征，在经济欠发达地区招商引资的大环境下，政府为了留住招商企业往往能左右劳动仲裁的裁决，这其中难免会伤害到劳动者的权益，以致个别当事人对劳动仲裁委员会心存顾虑转而求助更加权威的公安机关，不能不说是有一定道理的。

四、劳动仲裁与劳动诉讼不能有效衔接

对于劳动仲裁与劳动诉讼如何衔接问题，《劳动法》没有明确规定，《劳动争议调解仲裁法》也只是稍有提及。实务中容易出现以下三个问题：首先，劳动仲裁与劳动诉讼适用的法律不一致。劳动争议仲裁委员会由于接受劳动行政部门的工作指导，适用的主要是劳动部门的规章，而法院适用的是法律法规，容易导致两家审理同一劳动争议，出现截然相反的结果。其次，劳动案件进入了法院，法院像对待新的民事案件一样，重新审理该案，仲裁裁决书就成了一纸空文。一些恶意诉讼的企业在劳动仲裁过程中不提供证据，不出庭仲裁，待到了法院审理阶段才提供证据等。这势必导致处于弱势的劳动者被迫延长了维权时间。最后，假如仲裁裁决支持了劳动者的部分请求，部分没能支持，劳动者考虑到维权成本等各方面的条件，打算妥协接受该仲裁裁决，没有向法院提起诉讼，而 15 日后

却收到了法院的传票，得知企业就裁决书中对自己不利的条款向法院起诉了，在这种情况下劳动者就裁决书中未能得到支持的条款是否还可以起诉呢？法律没有明确的规定，实践中操作也不一致。劳动仲裁与劳动诉讼不能有效衔接，判决对裁决改判的比例较大，使劳动者的维权之路更加艰辛，从而使部分当事人对仲裁与诉讼丧失信心，采取极端方式维权，逼迫公安机关出面解决。

第七节　标的百万的民事纠纷原告缘何放弃法院

某公司和某施工方签订工程合同，工程已进入收尾阶段，尚有 40 万元余款未支付。施工方催款，而公司方表示要对工程造价重新鉴定后方可结算，施工方认为公司故意拖延时间不肯付款，诉诸法院后调解失败。于是，施工方组织 10 余名工人在公司门口采用拉横幅、封堵大门、聚众闹事的过激方式维权，群体性案件一触即发。公司方报警。对此，警方通过法律宣传将双方大部分人员劝离现场，然后组织双方代表就工程款进行协商。经调解，双方代表达成协议，后对派出所及时妥善的处置表达了感激之情。

上述纠纷属于合同纠纷（公安机关一般称之为民间纠纷）。按照《民事诉讼法》的相关规定，人民法院肩负着审理、调解民事纠纷的重担，但上述典型的本该由人民法院解决的民事纠纷为何流入了公安机关呢？从《中国法律年鉴》的统计数据看，自 20 世纪 80 年代始，人民法院受理的民事纠纷数量逐年上升。数据清楚地显示出，越来越多的百姓愿意将民事纠纷诉诸专业的人民法院，以至于人民法院出现了案多人少、应接不暇的状况。然而，数据也清楚地反映出，人民法院每年受理民事纠纷数量的环比增长率并没有我们想象的那么大。自改革开放以来，我国经济总量不断扩大，外汇储备跃居世界第一，经济总量上升到世界第二。经济的快速发展，使每年的民事纠纷数量也随之递增，而这个增长率应该远远高于人民法院历年受理民事纠纷数量的增长率。那么，除了人民法院受理的部分民事纠纷，其他的流入哪里了呢？

当前，解决民间民事纠纷的单位主要有人民调解委员会、人民法院和行政单位（主要是公安机关），三个单位或组织一道被称为中国基层社会化解矛盾纠纷的三驾马车。或许很多人会认为，没有在人民法院解决的民事纠纷主要流入了人民调解委员会。根据历年《中国法律年鉴》的统计数据，人民调解委员会确实受理了数量不少的民间纠纷，但其在经历了 20 世纪 80 年代的巅峰时期后，调解数量于 90 年代逐年下降。数据显示，人民调解委员会的作用整体上呈下滑趋势，致使大量本该由人民调解委员会受理的民间纠纷流入了公安机关。鉴于此，笔者以在基层派出所几年的工作经验判断，部分本该由人民法院受理的民事纠纷流入了公安机关。

这一现象看似反常，实则是有原因的。众所周知，人民法院在解决民事纠纷上具有公安机关不可比拟的优势，如司法人员的法律素质较高、司法程序规范、回避制度、举证制度等。此外，无论是判决还是调解，法律的效力高，当事人对司法诉讼的认同度高。因此，部分民事纠纷流入公安机关表面上看似不正常。但通过利益上的博弈，部分民事纠纷流入公安机关是百姓理性的选择。接下来，笔者主要论述民事纠纷流入公安机关的根本原因。

一、百姓尚有厌诉的思想

从孔子的“听讼，吾犹人也，必也使无讼乎”到古代的无讼、息讼观念，至今仍影响着百姓的诉讼观念，人们认为去法院诉讼是不光彩的。当然，随着我国经济、社会的发展，中国已从“熟人社会”（费孝通语）进入了“半熟人社会”（何雪峰语）、“无主体熟人社会”（吴重庆语），社会的人际关系早已发生了较大变化，尤其在当前的大城市，社区几乎进入了陌生人社会，人与人之间的感情逐渐淡薄，无讼、息讼观念也随之淡薄，很多人不再以打官司为耻。但《中国法律年鉴》对全国法院审理民事一审案件情况的统计数据显示，人民法院受理的民事案件中婚姻家庭、继承、权属等民事纠纷的总量占较大比例。上述统计数据反映出，多数纠纷还是发生在熟人、亲人之间。熟人或亲人之间是靠感情维系的，一旦因诉讼导致感情破裂，容易使自己处于孤立无援的状态，即使赢了官司也失了人情，这是多数当事人不能承受的，毕竟中国尚未完全走出人情社会的困扰，就像电影《秋菊打官司》里的秋菊一样，在打官司的过程中她受到村里人的指指点点，家人也因此受到极大的压力。如果纠纷并不十分复杂，能请到警察（有些乡下百姓认为民警就是代表政府）利用非正式的方式从中劝说，使双方和解，能相当程度地减轻当事人的感情压力。鉴于此，一些百姓（尤其是中西部农村百姓）在传统思想影响下选择了公安机关来调解。

二、诉讼程序复杂

根据《民事诉讼法》的相关规定，民事诉讼的程序要求不低，原告至少要准备起诉书等相关材料并要进行陈述、辩护等行为。当然，程序就意味着规范，能充分保障当事人的合法权益，实现公平和正义。然而，当前我国公民的文化层次尚未达到较高的水平，熟悉法律的人并不是很多，当事人在自诉案件中自行起草起诉书往往是一件相当困难的事情。程序越规范，自诉案件就越少发生。尽管近年来法院为便民利民在诉讼程序上进行了优化，但法院的诉讼程序依然会使不少当事人望而生畏。反观公安机关的调解，只需双方当事人将纠纷的焦点陈述清楚，必要时提供些相应的证据，那些本该由法院诉讼的民事纠纷在经验丰富的社区民警的调解下便化解了。虽然公安机关不能化解所有的民事纠纷，但对于当事人而言，公安机关的调解程序简单、方便，就算解决不了也几乎不会付出代价。因此，只要公安机关有成功调解民事纠纷的案例，总有百姓愿意去尝试。

三、诉讼成本大

当前，不少百姓不愿意“打官司”的原因，除受传统文化影响，法律意识淡薄和诉讼程序复杂外，还有经济因素。依据法律规定，我国对民事案件诉讼实行收费制，不仅收取案件受理费，还收取其他诉讼费用。到了执行程序，申请执行可能还收取执行费。聘请律师代理，还要付代理费。诉讼费、执行费、律师代理费，再加上往返的差旅费，耗时、耗力、耗财令普通百姓望而生畏。此外，还有精神成本。虽然近年来随着司法制度的改革，诉讼的成本降低，且司法调解使费用大幅度降低，但对普通百姓来说，诉讼的代价是显而易见的。笔者相信百姓进行民事诉讼的目的，除少数是为争“一口气”外，绝大多数人无非是为了争取利益。如果诉讼造成的直接、间接代价与预期利益获得不成正比的话，会有多少人愿意选择诉讼？并且，普通百姓间的很多民事纠纷的标的并没有我们想象的那么大，更多的还是些鸡毛蒜皮的琐事。因此，在解决纠纷之前，当事人一定会权衡利弊。至于是否公平公正，他们或许并不那么关注。因此，假如有一套既不用付出代价又能解决纠纷的方案，无疑是两全其美的。此时，免费、快速的公安行政调解便成了当事人尝试解决纠纷的重要选项之一。从公安机关的角度来看，尽管不希望越权调解民事纠纷，但一些民事纠纷往往会演变成治安案件，甚至刑事案件等，为了避免矛盾进一步升级可能导致更多的麻烦，只能尽力地或者无奈地将民事纠纷予以化解。而这些民事纠纷一旦成为由公安机关成功化解的先例，必然会有人趋之若鹜。

四、执行难

执行难，在当前成了妇孺皆知的话题。近年来，各地法院为破解执行难问题制定了各种制度并取得较好的效果。相信不久的未来，随着高科技、大数据的进一步应用，执行难或许不再成为人们在街头巷尾谈论的热点话题。理想很丰满，但现实是一些当事人即使赢得了官司，却赢得不了结果。因此，一旦当事人意识到将会面对上述情况时，便不再采取诉讼手段，而采取非法途径维权。此时，公安机关难以袖手旁观。当然，笔者并不是否认法院的执行能力，而肯定公安机关。笔者认为，公安机关之所以能化解个别连法院也解决不了的民事纠纷，一方面是因为公安机关在平时的工作中建立了良好的群众基础，能说服当事人主动配合解决纠纷；另一方面或许是因为一些当事人或单位本身可能具有“不干净”事情而畏惧于公安机关，及时化解矛盾免得受到牵连。

第八节　公安行政调解工作中存在的问题及解决途径

在公安机关基层派出所，矛盾纠纷的报警数量约占报警总量的30%。若公安机关能快速、高效地化解矛盾纠纷，不仅能节约当事人的时间、精力，还能在很大程度上避免矛盾的进一步升级，对社会和谐稳定起到重要作用。因此，公安行政调解工作十分重要。

实务工作中，因公安机关具有快速、权威、高效等诸多优势，多数矛盾纠纷均能很好地得到解决，但总有例外。这些例外的存在，一部分是因为当事人的利益诉求过高而导致调解工作难以进展，还有一部分是因为公安机关及民警自身问题造成的。由于公安机关及民警自身问题不能有效化解矛盾纠纷，会有部分矛盾纠纷进一步升级，转而违法甚至犯罪，也容易使当事人将矛头对准民警与公安机关，产生较为负面的社会影响。故笔者认为，对导致民警调解矛盾纠纷效果不佳或调解失败的原因展开分析，并找到解决问题的对策很有必要。如此，进一步提高民警的调解能力，对化解百姓间社会矛盾与维护社会和谐稳定是一件很有意义的事情。

一、公安行政调解工作中存在问题的原因分析

以下是针对民警调解矛盾纠纷效果不佳或调解失败的原因展开分析：

（一）内容抽象且争议较多

对于执法者来说，严格执法须有明确的法律规定作为依据。在公安基层派出所，民间纠纷和治安纠纷是最常见的两类矛盾纠纷，但法律法规对上述两种纠纷

的规定内容抽象且争议较多。对于民间纠纷，除《人民警察法》第 21 条“对公民提出解决纠纷的要求，应当给予帮助”之规定外，便再无相关法律法规对其作任何规定。且不论上述法条是否为公安机关调解民间纠纷的法律依据，即便是，也颇有争议。例如，公安机关如何作为才符合法条中的“帮助”？公安机关对民间纠纷的介入到何种地步为宜？在实务工作中，民警对此见仁见智，导致类似的民间纠纷会有截然不同的处理方式和结果。对于治安纠纷，其规定更为抽象且争议更多。例如，在《治安管理处罚法》第 9 条“对于因民间纠纷引起的打架斗殴或者损毁他人财物等违反治安管理行为，情节较轻的，公安机关可以调解处理”的规定中，“民间纠纷”的定义、“等”字的范围、“情节较轻”的认定均为模糊规定，且在《公安机关办理行政案件规定》及《公安治安调解工作规范》中也并无具体规定。即使《公安机关办理行政案件规定》及《公安治安调解工作规范》对《治安管理处罚法》第 9 条中的一些问题作了补充规定，但基层民警在实务工作中对这些问题的把握很容易带上自己的主观理解，如看似简单的“自愿原则”等规定，在执法过程中稍有不慎就会失之偏颇。法律法规及规范性文件对民间纠纷和治安纠纷的抽象、争议性规定，容易导致公安机关侵犯当事人权利的违规行为或纠纷调解失败。

（二）民警法律素养尚有提升空间

作为一名执法者，拥有基本的法律知识是最基本的要求，尤其是《刑法》《人民警察法》《治安管理处罚法》等公法知识，但现实是基层派出所民警对法律知识的掌握还有待进一步提高。笔者以 H 省 H 县某派出所为例，民警主要由三部分人组成：转业军人、警校学员和新警。转业军人一般都在部队里做过领导，综合素质较好，但学历背景呈多样化，真正受过法律专业培养的人并不多；警校学员是近年来一些地方的一种招警方式，即大学专科以上的应届生通过招警考试进入警校培训一年半后即可参加公安工作，到目前为止是很多派出所的主力军。尽管警校学员在警校里会有一年半的警务知识培训，但学员入警校前的专业背景五花八门，法律素养难以如全日制法学本科般系统；新警是通过参加公务员考试的方式招录本科学历以上 35 周岁以下的群体，除部分警校（这里指四年制本科教育的警校）和社会大学法学院毕业生外，非警校非法律专业的毕业生占据的比例很高。尽管非警校非法律专业的毕业生入警后能有半年的理论培训，但对法律知识的掌握并不理想，不能形成法律知识体系。虽然笔者调研的样本是南方城市的公安机关，在各个环节上对民警的入职能力把关相对严格，但在法律知识的掌握上尚且如此，那么在偏远、经济欠发达地区民警的法律素养可能会更差一些，存在有待进一步提高的状况。在执法过程中，执法者的法律专业素养如何，在很多时候决定着执法效果如何，民警法律素养参差不齐会导致在调解纠纷过程中出现各类问题。

（三）调解能力参差不齐

在具体的纠纷调解过程中，并非每个案例都充满争议，多数矛盾纠纷证据确凿，案情较为简单，很多时候调解经验较为丰富的民警能够将这些矛盾纠纷在第一时间化解。然而，一些民警因为个人调解能力不足，不但不能化解矛盾，还有可能将矛盾激化，引火烧身。一些民警调解能力不足的主要表现有：其一，调解方法不恰当。纠纷调解的方法非常重要，恰当的方法往往能四两拨千斤，但一些民警缺乏具体问题具体分析的能力，不会按照纠纷的具体情况及当事人的性格特征找到合适的调解方法，使得结果大相径庭。其二，语言缺乏艺术性。谚语曰：“一句话使人跳，一句话使人笑。”可见语言艺术的重要性。对于纠纷当事人而言，他们本身处在矛盾之中，情绪不稳定，稍有不慎易被刺激，亟须安慰和肯定。若是调解民警语言生硬，不仅有可能激化矛盾，还有可能将矛头指向自己，导致调解工作失败。其三，抓住矛盾焦点和提出解决问题的能力欠缺。在矛盾纠纷的调解过程中，调解协议的内容最终是由当事人决定的，公安机关不得强迫，但民警若能提出中肯可行的建议，多数当事人是能够接受的，然后将矛盾予以化解。因此，民警若能及时掌握当事人之间的矛盾焦点和诉求，往往会提高调解的效率和成功率，但在实务工作中，并不是每一位民警都具备这样的能力，尤其是刚入职的新警因调解纠纷不当导致被投诉的概率较高。

（四）培训较少且缺乏系统性

笔者认为，充满争议的法律法规本身、民警的法律素养参差不齐、调解能力高低不一等诸多问题固然能影响调解成败的概率，但上述问题并非不能解决。民警的法律素养和调解能力及对争议法律法规的解读在很大程度上能通过后续的业务培训得到有效的弥补，但实际情况并非如此。以H县局为例，近年来随着城市人口大幅度增加，治安状况日趋复杂，新警逐年增加，但H县局政治处教育训练科的培训能力并未得到有效的增强。以笔者的朋友某民警为例，尽管其在派出所工作五年之久但仅参加过两次培训，一次是治安课程培训，另一次是社区警务培训，两次培训均未涉及公安行政调解相关的任何课程。笔者的另一民警朋友在某公安机关工作期间，一段时间内其负责对各个分局课程的审批，发现无论是治安还是社区警种，培训涉及纠纷调解的课程均较少。即使有所涉及，也主要是由经验丰富的老民警以案例现身说法的形式传授经验教训。传授经验教训固然重要，但对于基层民警而言，系统的理论培训才是重中之重。职后培训对公安行政调解相关内容的欠缺，会导致本就法律素养参差不齐、调解能力高低不一的民警的业务能力得不到快速的提高，也必然会导致部分矛盾纠纷的调解效果不佳。

二、对公安行政调解存在问题的解决建议

针对上述公安行政调解存在的问题，笔者提出了以下几点解决建议：

（一）加强职前理论灌输

基层民警每天在一线直面老百姓，具备较强的纠纷调解能力是不可或缺的，而纠纷调解能力的提高不仅需要日复一日的实践积累，还需要法律理论知识的储备。只有通过系统的法律知识学习，才能掌握法律法规的立法初衷、立法背景，才能在法律规定抽象、充满争议的地方作出相对正确的解读与把握，保证调解工作不会出现大的偏差。笔者认为，入警前充足的理论知识储备是提升职后民警调解能力的重要保障，故而建议公安院校在治安专业课程中至少有一章的内容讲授公安行政调解理论，如有条件，更应专门开设公安行政调解课程，从公安机关调解矛盾纠纷的法律依据、适用范围和条件、执法程序、工作原则、方法和语言艺术等方面进行详细讲授，为学生入职后调解工作奠定较为扎实的理论基础。

（二）完善职后业务培训

笔者认为，虽然公安机关教育培训部门很有必要通过专门的法律理论培训使警校学生或职前新警拥有基本的法律知识和法律思维，但由于调解工作实践性较强，在调解过程中会发生什么问题只有在实践中才能发现，所以职后的业务培训指导显得更加重要。职后业务培训能解答民警在工作中充满疑惑的问题，使培训更有针对性，也更具实际效果。当然，对于培训教师而言，职后民警的业务培训也更具挑战性，因为职后民警总是带着问题而来。笔者认为，职后民警的业务培训可从以下几个方面进行：其一，基层单位自我培训。一般而言，在民警调解纠纷过程中出现的问题，往往所在单位分管相关工作的领导更易掌握。笔者建议，所在单位可在晨会期间或利用所务会的机会，针对近期调解过程中出现的问题进行专门培训，如此培训不仅高效且省时省力。但单位培训会因多种原因不能长期坚持或因不能换位思考某些司空见惯的问题而易被忽视，所以要做好单位自我培训，还需领导重视，形成长期的培训制度做保障。其二，法制部门人员进行培训。公安机关法制部门相对其他部门具有更充足的法律知识储备，且又在实战前线深谙办案流程及存在问题，因此，一般情况下培训效果较佳。其三，公安院校的教官培训。目前，很多公安院校都有全职或兼职的教官，教官一般是来自基层

一线的业务精英，拥有丰富的调解经验，对调解实践中的问题往往能一针见血，直达病灶，能有效地避免出现培训内容陷入过于空洞理论的情况。此外，教官因为具有教师的身份，一般情况下教学技能较强，能够保证教学效果，培训效果往往最佳。

（三）落实师徒带教制度

长期以来，师徒带教制度是公安基层派出所的优良传统。公安工作社会实践性强，有别于很多工作，如果没有经验丰富的资深民警为青年民警传道解惑，一般情况下，青年民警自我成长的速度较慢，甚至有可能偏离正轨，所以认真落实带教制度对于公安机关的青年民警成长而言十分重要。笔者也曾是青年民警，也有带教师傅，其调解纠纷的能力让笔者由衷佩服，无论是大矛盾还是小纠纷，他总能快速抓住矛盾焦点并提出令当事人能接受的解决方案。笔者在一年实习期后便能独自处理各类矛盾，主要得益于这位优秀的带教师傅的指导和帮助。此外，笔者通过工作还感受到，调解工作中临场应变能力及对当事人的驾驭能力是在书本上和培训中难以获得的，只能在实践中跟随师傅不断地去感受、揣摩、积淀和总结。因此，一名优秀的带教师傅在调解实践中会对徒弟的调解能力提升起到至关重要的作用。当然，带教制度要形成一套机制，认真落实，不能流于形式。

（四）请优秀民警现身说法

在基层派出所，无论民警对公安行政调解相关的法律知识掌握得多么透彻，也无论其拥有多少调解技能，衡量一个民警调解能力的关键因素还是其最终成功化解了多少起矛盾纠纷。这种对民警调解能力的主要衡量指标似乎很苛刻，但现实情况是，培训、学习的最终目的是化解矛盾，而非仅仅掌握理论知识。如果一名民警在实践中拥有丰富的调解经验并能妥善地处理各类矛盾纠纷又深受当事人好评，我们一般认为，这样的民警调解纠纷能力必有过人之处。一些矛盾纠纷的调解过程从法理的角度看，这些能力未必行得通，也许不能登上大雅之堂，但在实务工作中当事人就认可这些民警的调解能力，对其提出的解决方案就是满意。笔者认为，这主要是因为我国地大物博，经济差距较大，老百姓的法律接受程度不一。而法律意识较为淡薄地区的优秀的“接地气”的民警，往往会熟稔地运用法律规则及非法律规则妥善地处理矛盾纠纷并能得到双方当事人的认可，这些技巧和能力并不是通过公安系统培训能学到的，对于这类优秀的“接地气”的基层民警，笔者建议，培训部门应予以重视，可以讲座或座谈的形式和年轻的民警开展经验交流与互动，将精髓分享给大家。

三、结语

在公安基层，调解各类矛盾纠纷是民警的一项重要工作，为社会的稳定和谐做出很大贡献。然而，由于民警与公安机关自身原因，会使部分矛盾纠纷不能很好地化解，导致矛盾升级或将纠纷的矛头掉转至民警与公安机关自己身上，产生较为负面的社会影响。对此，本文对产生这些问题的原因作了简要的分析，并提出解决问题的办法。当然，笔者深知这些原因和办法并不是全部的原因和办法，很多所谓的原因和办法更多的还是自己的主观感受，未必客观。因此，笔者希望更多的人关注到公安行政调解工作中存在问题的探讨上，提出更好的对策和建议，力争使更多的矛盾纠纷得以更好的化解，为社会的稳定和谐做出更多的贡献。

第九节　调解优先但不能过度

快递小哥冯某在小区驾驶电动三轮车不慎剐蹭李某的轿车，李某愤怒不已，连扇冯某六个耳光，冯某非但没有任何躲避，还赔偿李某数百元修车费。案发视频一经曝光，迅速在微博、微信、新闻网站等媒体大量转发，轰动全国。随着舆论的持续发酵，网友对该案提出了两种截然不同的观点。部分网友认为，以冯某为代表的群体驾驶非机动车辆不遵守交通规则，横冲直撞，容易造成交通事故，应该被教训。但绝大部分网友认为，冯某剐蹭李某的轿车，只是普通的交通事故，李某不该大打出手，其态度嚣张、行为恶劣，呼吁公安机关严惩李某。次日，冯某供职的公司谴责李某的行为，声言要为冯某讨回公道，维护员工的合法权益。事后，虽然李某委托家人向冯某致歉，倾向调解，但冯某拒绝和解，李某最终被公安机关依法行政拘留。

笔者认为，针对李某在公共场所的逞强情节，符合《公安机关办理行政案件程序规定》第 179 条不适用调解处理的情形之第 2 款的规定，当地公安机关未协调双方和解而将李某直接予以行政拘留，不仅保护了冯某的合法权利，还维护了法律的尊严。

然而，类似的因民间纠纷引发的情节较重的违法行为，假如被调解处理会是什么后果呢？也就是说，类似的违法行为一旦被调解，赔完钱后的违法行为人是否真的能认识到自己的错误，社会秩序能否更加稳定？笔者持怀疑态度。笔者曾目睹数个治安纠纷当事人在调解室刚握手言和，尚未走出派出所大门就再次发生口角甚至大打出手的案例。

《治安管理处罚法》第 9 条“对于因民间纠纷引起的打架斗殴或者损毁他人财物等违反治安管理行为，情节较轻的，公安机关可以调解处理”之规定的立法初衷，更多地考虑的是在当事人一方或双方在认识到自己的错误后，双方真正从心理上和解，减少法律的严厉处罚，化解百姓间的矛盾，维护社会稳定和谐。但在基层实务工作中，一旦对《治安管理处罚法》第 9 条立法精神的把握出现了偏差，对一些不适合调解的治安纠纷进行调解，就易造成违法行为人认为花钱就能买平安的误解，导致恶性循环，造成更多的治安案件甚至刑事案件发生，更加不利于社会稳定。鉴于此，笔者认为，对于治安纠纷，公安机关应该调解优先，但不能过度。为了使民警控制好调解治安纠纷的那个“度”，以便更利于矛盾的化解与社会稳定和谐，笔者在制度建设上提出以下几点建议。

一、做好相关法律解释工作

《公安机关办理行政案件程序规定》第 178 条规定，对于因民间纠纷引起的殴打他人、故意伤害、侮辱、诽谤、诬告陷害、故意损毁财物、干扰他人正常生活、侵犯隐私、非法侵入住宅等违反治安管理行为，情节较轻的，可以调解处理。但该规定存在四个问题，分别是：民间纠纷的定义如何界定？规定中“等”字虽常作“等外”解释，但具体是指哪些治安案件可以调解？“情节较轻”的判断标准是什么？“可以”如何理解？对于上述问题及争议，目前尚无权威的法律解释，甚至在学术研究上也鲜有探讨。笔者根据多年的基层工作经验发现，在立法尚无明文规定的前提下，千变万化的案情会使民警见仁见智，会有将介于处罚和调解的治安案件进行调解的可能，甚至寻衅滋事等治安案件也有被调解的先例。鉴于此，笔者建议，公安部有必要对“民间纠纷”“等”“情节较轻”“可以”作出具体的解释，避免办案民警产生歧义而调解一些不符合调解条件的违法行为，使行为人产生破财消灾、免受处罚的错觉，导致损坏法律尊严。

二、进一步减少行政处罚的后遗症

违法行为人一旦因治安案件被处以行政拘留，不但声誉会受损，还可能因此失去工作或影响未来前程，在某些特殊行业甚至还会影响下一代择业。因此，当治安案件发生后，一些违法行为人会尽其所能争取纠纷以调解处理，哪怕付出高额的赔偿金也在所不惜。笔者的同事就曾调解一起治安纠纷，某当事人为自己的一拳头（造成对方轻微伤）付出了10万元人民币的代价。那么，如此处理是真能为双方当事人化解矛盾，还是会在以后留下治安隐患呢？因此，为了降低违法行为人因“前科”给自己及相关亲属带来负面影响的担忧，笔者建议相关部门加强对轻微违法行为人隐私的保护，除极特殊的行业外，尽可能避免对违法行为人及其亲属职业前途的影响。如此，方能使违法行为人在接受行政处罚时放下心理负担。其意义不仅可减少违法行为人佯装认错逃避处罚的问题，还能减少被害人以此向违法行为人漫天要价的现象。

三、取消不合理的考核指标

对于符合《公安机关办理行政案件程序规定》第178条可以调解处理情形的治安纠纷，在当事人自愿的前提下，公安机关确应为了彻底消除当事人间的矛盾而尽量调解，以减少严厉的行政处罚。但也存在极个别地方公安机关的业务指导部门将行政调解的积极作用过于理想化，将行政处罚的消极作用悲观化，为基层派出所设定调解指标。笔者对上述公安机关为民着想、维护社会稳定的良苦用心表示理解，但凡事过犹不及，过多地鼓励调解和指标设定必然导致临界于调解边缘但尚不具备调解条件的治安案件被调解，甚至出现强迫当事“自愿”接受调解的情况，其结果无疑有悖于《治安管理处罚法》第9条的立法精神。鉴于此，笔者建议个别地方公安机关应取消不合理的考核指标，让办案民警依据法律法规，从实际出发，能调解的治安案件尽量调解，不符合调解条件的坚决予以行政处罚，让违法行为人受到应有的惩罚，形成公正公平的社会效应。

第十节　当事人自行和解，公安机关还能行政处罚吗

袁某向李某借用摩托车，因操作失误导致李某的摩托车损坏。袁某表示愿意配合维修，但无再赔偿的意思。李某认为袁某没有解决问题的诚意，遂前往袁某家中讨要说法，二人为此发生言语冲突，后袁某殴打李某致其受伤，经鉴定为轻微伤。

公安机关在本案调查中，袁某与李某在第三人的撮合下自行达成和解，袁某赔偿了李某医疗、修车等相关费用，并向李某道歉。之后，袁某将双方签字的书面和解协议递交办案民警，并请求公安机关不要追究自己的法律责任。

针对袁某的请求，办案民警是否应准许？即针对治安案件的处理，当事人自行和解并履行和解协议，双方当事人书面申请，公安机关还能对违法行为人施以行政处罚吗？

对此，根据《公安机关办理行政案件程序规定》第 186 条规定，对符合本规定 178 条规定的治安案件，当事人自行和解并履行和解协议，双方当事人书面申请并经公安机关认可的，公安机关不予治安管理处罚，但公安机关已依法作出处理决定的除外。

从上述规定看，当事人自行和解并履行和解协议，双方当事人书面申请，若公安机关认可并不予治安管理处罚，前提是要符合本规定 178 条的规定。

《公安机关办理行政案件程序规定》第 178 条规定，“对于因民间纠纷引起的殴打他人、故意伤害、侮辱、诽谤、诬告陷害、故意损毁财物、干扰他人正常生活、侵犯隐私、非法侵入住宅等违反治安管理行为，情节较轻，且具有下列情形之一的，可以调解处理：

（一）亲友、邻里、同事、在校学生之间因琐事发生纠纷引起的；

（二）行为人的侵害行为系由被侵害人事前的过错行为引起的；

（三）其他适用调解处理更易化解矛盾的。”

笔者认为，结合上述第 186 条与第 178 条规定看，治安案件，当事人自行和解并履行和解协议，双方当事人书面申请，公安机关能否认可，要符合如下几点：

第一，和解协议是否有效。笔者认为，既然是双方的民事法律行为，其达成的书面协议应符合《民法典》第 143 条“（一）行为人具有相应的民事行为能力；（二）意思表示真实；（三）不违反法律、行政法规的强制性规定，不违背公序良俗”之规定。因此，对于双方递交的协议，公安机关应予主动审查、核实协议的形式与实质要件，以防止出现格式（可参照治安调解协议）不符合基本要求，实质要件方面出现无效、明显有失公平、胁迫、违背公序良俗的协议。此外，双方书面申请并非要双方必须都要到达公安机关，如果只有一方，公安机关通过核实另外一方即可。因此，针对本案中袁某一人递交的书面和解协议，公安机关还应核实李某主观是否自愿、客观是否真实。

第二，是否属于可以调解的范围。第 178 条“对于因民间纠纷引起的殴打他人、故意伤害、侮辱、诽谤、诬告陷害、故意损毁财物、干扰他人正常生活、侵犯隐私、非法侵入住宅等违反治安管理行为”之规定，显然是限定了治安案件可以调解的范围。问题是，上述规定中的“等”该如何理解？做“等”内还是

“等”外理解？这关系到调解范围的问题。对此，笔者在本书《哪些违反治安管理的行为可以调解？》一文专门对治安案件的调解范围作了较为详细的论述。概言之，《治安管理处罚法》第三节侵犯人身权利、财产权利中所有因民间纠纷引起的违反治安管理行为均可以调解。具体论述，以《哪些违反治安管理的行为可以调解？》一文为准，此处不再赘述。

第三，情节是否较轻。从第 186 条规定看，当事人自行和解还要符合 178 条之“情节较轻”的规定。那么，什么样的治安案件才属于“情节较轻”？对此，笔者在本书《“轻微伤”是殴打他人案可否调解的唯一标准吗？》一文中，对违法行为人的主观动机、伤势后果、受害人是否存在过错、方式手段、社会危害性、地点对象等因素分别做了论述。达到了上述标准，才是“情节较轻”。对此，此处亦不作赘述。

第四，和解协议是否履行。从第 186 条规定看，双方当事人自行和解，还要履行和解协议。对于公安机关而言，就如本案中袁某实际上已经赔偿了李某相关费用，并向李某道歉，显然是办案民警最希望看到的结果，是没有后患的，但实务工作中总是存在一些例外。例如，一方或双方自行承担后果，不要求公安机关追究对方责任，是否属于已经履行和解？双方虽然达成了和解协议，但仅约定了在办案期限内履行，还没有或完全得到履行，是否属于履行和解？双方均要求公安机关不再追究对方的责任，而是对损害赔偿等约定了办案期限内通过司法途径解决，是否属于履行和解？

对此，笔者认为对于第一个问题，答案毫无疑问是肯定的。而对于第二、三个问题，虽然暂时没有得到全面的履行，但属于附期限的协议，未来是能够履行的，公安机关应尊重当事人的意思自治，因此是有效的。当然，最终一方或双方没有按照约定的期限去履行或者未能通过司法途径解决，则属于协议未能得到履行。那时，公安机关按照治安案件办理即可。

针对本文开头的问题，双方当事人的和解协议显然是符合上述四个条件。问题是，凡是符合了上述条件的治安案件，公安机关是否可以拒绝他们的协议，仍对违法行为人施以行政处罚呢？

笔者认为，虽然《公安机关办理行政案件程序规定》第 178 条中的“可以”是任意性规定，非强制性规定，但在实务工作中，公安机关应意识到双方被破坏的社会关系已得到修护，本着减少社会矛盾、维护社会稳定和谐的宗旨，在无特殊情况下，应予以认可，不再施以治安管理处罚。

第十一节　有些案件，调解不是解决纠纷的最佳手段

关于如何解决治安纠纷与民间纠纷的问题，笔者始终持调解优先的观点，理由不再赘述。对此，有人可能要问：是否所有的纠纷都要先穷尽手段去调解，如若不成再通过别的手段呢？答案显然不是。那么，到底哪种纠纷不适合调解呢？笔者整理了三个案例与大家分享，随后再做点评分析。

案例一：王某是村里少有的青壮年，性格较为强势，喝完酒后因琐事对自己的家人也要骂骂咧咧。某日，王某等人结束用餐后驾驶车辆行驶至村委会附近与李某驾驶的农用车辆发生剐蹭。双方下车协商赔偿问题时言语不和，王某酒后冲动殴打了李某（后鉴定为轻微伤），后被同行的朋友及时制止，李某报警。

次日，面对警方的询问，王某坚持认为自己并无过错，不愿赔偿李某任何费用，更不可能向其道歉，态度强硬。对此，民警果断放弃调解计划，对王某予以行政拘留。社区民警后续走访得知，王某被行政拘留后，显然对村里人"低调"多了。

案例二：杨某与陈某系邻居，两人房屋之间有一块权属不明的草坪。杨某认为自己房屋建筑面积远比陈某家的大，因此草坪应该属于自己的，而陈某认为草坪在两家房屋之间，应共有或各持一半面积。

近年来，二人对这块草坪的产权归属，先后通过房产公司、物业、居委会、房管局等部门处理，均未得到明确而满意的答复。某日，两人由口角上升为肢体冲突，且均构成轻微伤。社区民警了解事情原委后希望双方能够和解处理此事，但两人态度坚决，均表示和解的条件是对方不得占用草坪且须承认草坪属于己方，否则即便被行政拘留也在所不惜。民警尽力后，只能遗憾地放弃调解工作，对两人进行行政拘留并告知双方可至人民法院进行确权纠纷之诉。

案例三：近日，沈某多次上门找到张某要求还债，为此张某报警称沈某骚扰自己私生活，而沈某则顺势请求社区民警帮助调解处理此事，张某也愿意配合调解。

社区民警了解事情的经过后得知：数年前，年轻的沈某与已婚的张某发生了一段婚外情，为了结束这段不能见光的感情，张某在沈某的要求下签下名为借贷实为青春分手费的协议。协议约定，一个月内张某支付沈某 50 万元，从此两人

划清界限。但期限过后张某却仅支付了很小的部分，所以沈某才上门找张某要债。对此，社区民警明确拒绝了沈某调解的请求，并告知他们应去法院诉讼。

上述三个案例，民警均未通过调解处理的决定是正确的，理由如下：

案例一中的殴打他人行为虽因民间纠纷引起且被害方的伤势及其他情节也较轻，适合调解处理，但由于王某打人后态度不够端正，不仅不愿赔钱，还认识不到自己的错误，再结合其平时表现，调解显然达不到应有的教育目的，故对其进行行政拘留。事实也确实证明，起到了一定的教育和震慑作用。该案例表明，虽然有些治安案件具备调解处理的条件，但由于当事人对待自己错误行为的态度认识不到位导致不适合调解，此时行政拘留带来的法律与社会效果会更好。

案例二中杨某与陈某之间矛盾的根源是草坪的产权归属问题，而非打架斗殴本身。且近几年来对于草坪产权的归属问题多个部门均未给出理想的解决方案，社区民警想通过一朝一夕的调解工作解决几乎不可能，所以果断放弃调解，仅就打架斗殴的行为进行行政拘留算是无奈的优选，如此便可警示双方不能再为此事动用武力。该案例表明，虽然有些治安案件本身适合调解，当事人也有意愿，但由于矛盾的根源太深诉求差距太大根本无法达成一致协议，故只能放弃调解。

案例三中沈某与张某之间虽然有欠款，但该协议违背公序良俗，属于无效的民事法律行为，一旦调解就意味着违法调解，必定降低公安机关的公信力，民警确应态度鲜明予以拒绝。该案例表明，虽然有些民间纠纷具备调解空间，当事人也愿意配合，但纠纷本身如果违反法律法规的强制性规定或者违背公序良俗，便无法调解。警方要及时拒绝并告知当事人该行为的无效性，或者告知他们去进行民事诉讼。

通过上述三个案例可以看出，对于治安纠纷与民间纠纷，虽然公安机关要优先适用调解的手段解决纠纷，但有时如果遇到不能调解、不可能调解成功、调解后起不到教育当事人目的的纠纷，要及时或果断放弃调解。

第五章　典型纠纷案例评析

第一节　避免“和稀泥”式调解

某地公安局通报了一则消息：张某路过刘某的苹果园时下地摘了几个苹果，价值 30 余元。当张某准备离开时，刘某追赶并拉拽张某，张某身体失去平衡摔倒致胳膊轻微擦伤。民警到场后了解情况，因苹果价值较小，情节较轻，便对张某进行了批评教育。考虑到张某受伤，又进行了现场调解，刘某赔偿张某 200 元。

事后，该地警方的处理方式在网上引起轩然大波，不少网友认为警方的调解是“和稀泥”，一时置警方于风口浪尖。该案中，张某“摘”的苹果金额虽不大，但其行为无疑构成盗窃（只是类似的盗窃行为，如果情节较轻，可以不予行政处罚）。此时，主人刘某制止张某的偷苹果行为纯属正常反应，合法又合理，既符合正当防卫的构成要件，也符合民间的公序良俗。而警方非但没有处理张某的盗窃行为，反而让刘某赔钱。笔者认为，该调解行为有悖国法、天理、人情，属于违法调解，是典型的“和稀泥”（多指无原则地调和折中）式调解，有损社会公平正义与执法者的公信力。

然而，还有一些网友甚至个别学者认为，无论是行政调解、人民调解、律师调解，还是司法调解，只要不严格依据法律、法规、规定处理纠纷的制度，就是“和稀泥”，是对法律秩序的破坏，有违公平与正义。对此，笔者则持反对意见。

调解工作不仅能够节约当事人的时间、精力，还能减少诉累，避免矛盾升级，能起到维护社会稳定的作用。司法判决在实现公平与正义上无疑是调解不能相提并论的，但判决消耗掉当事人的时间、精力、金钱也是调解工作无法比拟的。因此，笔者认为，无论是调解还是判决，都是解决社会纠纷的一种方式，两者各有利弊，没有哪种方式处于绝对优势或领先的地位，应以当事人的维权立场来判断采取哪种方式解决纠纷才更符合当事人的利益。

笔者的体会是，绝大多数当事人在纠纷发生后，关心的并非法律如何规定或处理结果是否符合公平正义，而是如何使自己利益最大化、损失最小化，很多当事人更偏向于选择调解。因此，笔者认为，在调解时如何促使当事人通过相互妥协找到双方均可接受的方案、尽可能满足双方的利益才是调解工作的关键。但这并不等于调解工作可以胡来或无章可循，甚至不经训练就能做好。事实上，调解工作应是规范的、科学的。

一、避免违法的调解

公安机关可以调解的纠纷主要有治安纠纷和民间纠纷两大类。关于治安纠纷，《治安管理处罚法》第 9 条与《公安机关办理行政案件程序规定》第 178 条规定了公安机关可以调解处理的情形，即“适用区”，该规定第 179 条也规定了不适用调解处理的情形，即“禁区”，对此笔者在第一章中的《治安纠纷调解的“适用区”与“禁区”》一文中作了较为详细的论述，在此不再赘述。如果治安案件属于“禁区”规定的内容，公安机关应当坚决拒绝调解，否则就是“和稀泥”式调解，影响公安机关的形象。关于民间纠纷，只要当事人自愿，公安机关均可调解处理。需要注意的是，对于刑事案件中故意伤害等违法犯罪行为，公安机关绝不能认为对当事人民事部分进行调解了就不需要追究其法律责任或不移送检察院审查起诉，否则，也是违法的“和稀泥”式调解。

二、避免毫无事实根据的折中调解

实务工作中，无论是治安纠纷还是民间纠纷，成功签订调解协议的多数是调解者根据当事人的诉求不断调整并制定的，但其前提必须是调解人对纠纷事实有全面的认识和准确客观的判断，只有划清了双方的责任才能根据实际情况给当事人提出心服口服的调解方案。如果调解者没有了解纠纷事实，则其必然不能划分责任，也就不可能提出客观公正的调解方案。此时，作为纠纷调解人，基层一线公安民警万不可为了追求调解成功率，或贸然或执意或强硬地提出折中的方案，否则容易使当事人认为调解人员不专业或有失偏颇，成为“和稀泥”式调解，也为信访投诉留下隐患。当然，在事实不清的情况下，如果当事人不愿意再为纠纷耗费时间、精力，公安机关提出一个模糊性的建议，或双方当事人自愿让步妥协，通过公安机关达成协议，则另当别论。

三、避免无限期拖延的调解

关于治安案件的办案期限，《治安管理处罚法》第 99 条规定，公安机关办理治安案件的期限，自受理之日起不得超过 30 日；案情重大、复杂的，经上一级公安机关批准，可以延长 30 日。为了查明案情进行鉴定的期间，不计入办理治安案件的期限。换言之，一起治安案件扣除鉴定期间，其办案期限最长为 60 日。而一旦该案进入调解程序，其办案期限按照《公安机关办理行政案件程序规定》第 185 条第 2 款的规定，是从调解未达成协议或者调解达成协议不履行之日起计算。然而“未达成协议或协议不履行之日”究竟从何时起算法律法规并无明确规定，导致不同的办案民警产生不同的理解。笔者认为，对于一些当事人情绪激动且确实不宜及时调解的治安纠纷，公安机关应适当拖一拖，待当事人冷静过后，矛盾也许就烟消云散了。但实务工作中却有个别民警利用上述规定的模糊性，既不主动找当事人调解纠纷，也不接受当事人的催促，而是无限期地拖延时间，直到当事人筋疲力尽，才让双方“自愿”地达成“满意”的调解协议。这样的调解，也是“和稀泥”式调解，应当避免。

四、避免违背公序良俗的调解

所谓公序良俗是指当事人的行为应当遵守公共秩序，符合善良风俗，不得违反国家的公共秩序和社会的一般道德认知。众所周知，公序良俗原则是民法的重要原则之一，任何民事法律行为都要以此为底线，否则将不被接受或横遭谴责。在调解实务中，双方当事人经公安机关主持自愿达成的协议，更应遵守公序良俗原则，不得违反法律法规的强制性规定，不得损害国家、社会公共利益和他人的合法权益。例如，在调解治安纠纷过程中，一方当事人因一拳头导致对方轻微伤，“自愿”被另一方当事人“敲诈”10 万元乃至更多，就是典型的“和稀泥”式调解。再如，在调解民间纠纷中，签订名为借贷实为“包养”的协议，也属于“和稀泥”式调解。虽然调解协议最终是由当事人自愿达成的，但只要违背公序良俗，群众就认为公安机关的调解是“和稀泥”。对于这样的调解，公安机关也要避免。

五、避免“会哭的孩子有奶吃”的调解

“会哭的孩子有奶吃”，比喻一些人不断地提出无理要求，激发别人的同情心，或使别人不堪忍受其死缠烂打而让步妥协，从而达到自己的目的。对此，笔者在调解工作中深有体会。实务中存在很多在纠纷中本应承担较大责任的当事人，在双方的调解博弈中，或胡搅蛮缠提出别人无法接受的方案，或将自己伪装成弱者。此时，个别调解者为节约时间、精力，或为了避免不必要的投诉纠缠等

原因，反而去劝说那些无责或少责的人去承担部分或更多的责任，纵容“会哭的孩子”，让“好人吃亏”。这也属于“和稀泥”式调解，应当避免。否则，会助长歪风邪气，影响公安机关的形象。

另外，值得一提的是：对于民间纠纷，笔者认为公安机关既然受理了，就应当按照《人民警察法》第 21 条“对公民提出解决纠纷的要求，应当给予帮助”之规定进行帮助处理。这里的“帮助”，在本书《“帮助”公民解决纠纷，除了调解还有哪些形式》一文中已经作出论述，除了调解外，告知当事人解决纠纷的途径等方式也属“帮助”的范畴。而对于相当一部分老百姓来说，“有困难找警察”是天经地义的事情，他们只想通过公安机关尽快得到解决。至于公安机关能否解决，或应由哪些专业部门解决，他们并不知道，甚至不想知道。而一旦公安机关无法处理他们的纠纷，他们就认为公安机关在“和稀泥”，进而通过投诉“维权”。对此，笔者认为，对于民间纠纷，公安机关只要按照《“帮助”公民解决纠纷，除了调解还有哪些形式》一文中的方式尽己所能，就已是科学、规范地处理民间纠纷，而不是“和稀泥”式的调解。此外，“冷处理”调解法也与“和稀泥”式调解具有本质的区别，二者不可混为一谈。

第二节　调解纠纷时，应做“裁判员”慎当“运动员”

某天，辖区刘某报警称房客不肯离开自己的房子，请民警到场帮助。处警民警到了现场，经了解情况是这样的：两年前，刘某将自己的一套房子出租给王某，租期五年。近日，刘某打算出售自己的这套房子，决定终止与王某的租赁合同。王某认为，自己与刘某的租赁合同尚未到期，自己还经过刘某的允许对房屋做了简单装修，刘某想要终止合同需要赔偿违约金以及部分装修费。刘某则认为，自己已经提前一个月通知王某终止合同，王某的装修很简单且已经住了两年，无须赔偿违约金，只愿意退还王某签合同时的押金。双方对此分歧较大，王某拒绝搬离租住地，刘某则要求王某搬离，故刘某报警。

处警民警认为，上述警情实际上就是一起房屋租赁纠纷，发生纠纷的原因主要是房东刘某违约，且不愿意承担违约责任。鉴于此，处警民警劝说刘某要为自己的违约行为承担责任，至于违约金等公安机关可以帮助双方协调。

但是，刘某坚持认为自己没有过错，不肯承担任何责任，是王某狮子大开口。处警民警认为，刘某是个缺乏诚信之人，如此下去很可能会与王某发生肢体冲突，后果可能比较麻烦。如果将双方带至派出所可能会避免上述潜在的违法行为。于是，处警民警告知双方一起到派出所解决纠纷。

不过，刘某深知自己理亏，拒绝与民警一同前往派出所。可是，处警民警一想到双方后续可能发生违法行为，就认为很有必要将双方带至派出所。经过劝告后，刘某仍拒绝，此时处警民警决定口头传唤刘某。刘某仍然不予配合且不配合的理由让处警民警感到其明显属于推托，于是处警民警对刘某采取强制传唤措施，将刘某带至派出所。事后，刘某投诉处警民警，认为处警民警对自己的强制传唤不合法，且强制传唤过程中造成自己皮外伤。那么，上述处警民警对刘某的强制传唤合法吗？

先看法律是如何对传唤进行规定的。首先，对于违反治安管理行为人传唤的法律规定。《治安管理处罚法》第 82 条规定，需要传唤违反治安管理行为人接受调查的，经公安机关办案部门负责人批准，使用传唤证传唤。对现场发现的违反治安管理行为人，人民警察经出示工作证件，可以口头传唤，但应当在询问笔录中注明。公安机关应当将传唤的原因和依据告知被传唤人。对无正当理由不接受传唤或者逃避传唤的人，可以强制传唤。

其次，对于违法犯罪嫌疑人传唤的法律规定。《刑事诉讼法》第 119 条规定，对不需要逮捕、拘留的犯罪嫌疑人，可以传唤到犯罪嫌疑人所在市、县内的指定地点或者到他的住处进行讯问，但是应当出示人民检察院或者公安机关的证明文件。对在现场发现的犯罪嫌疑人，经出示工作证件，可以口头传唤，但应当在讯问笔录中注明。

从上述法律规定可以看出，对于现场发现的违法行为人或者犯罪嫌疑人均可口头传唤，如果违法行为人或者犯罪嫌疑人无正当理由不配合民警的口头传唤，可以对违法行为人或者犯罪嫌疑人进行强制传唤。不过这里需要注意的是，公安机关无论是对违法行为人还是对犯罪嫌疑人进行传唤，前提是存在违法行为或者犯罪行为。否则，公安机关对当事人进行传唤是违法的。

关于上述强制传唤，在警务工作中如何把握比例原则，并不是一件很容易的事情，稍有不慎就侵犯到相对人的合法权益。笔者在此多说几句，希望能对基层民警执法时有所参考。

强制传唤违法行为人或者犯罪嫌疑人时要坚持比例原则的意思是指民警实施强制传唤时应兼顾行政目标的实现和保护行政相对人的权益，如果行政目标的实现可能对行政相对人的权益造成不利影响，则这种不利影响应被限制在尽可能小的范围和限度之内，二者有适当的比例。通俗地讲，就是要求行政主体的行为手段必须与行为目的相协调，“不可用高射炮打蚊子”，“不能杀鸡用牛刀”。

比如，一老年男性怀抱儿童阻止民警执法，民警对其强制传唤过程中未顾及其怀抱儿童的安全，采用强制手段将其控制，致使其怀中的儿童跌落在地就是违反了比例原则。再如，某日凌晨，某地民警以陆某涉嫌扰乱机关工作秩序为由到其家执行传唤，陆某坚持天亮再说，就是不开门。民警“强攻”时，陆某父子用砖头和木棒还击，致 3 位民警受伤。经一审和二审，父子俩犯妨害公务罪获刑。后最高人民法院指定省高级人民法院再审，省高级人民法院审理认为，某地公安机关传唤陆某，陆某称天亮后接受传唤并未超过指定时间，不能认定其拒绝传唤或逃避传唤。在此过程中，民警对陆某采取的强制传唤的方式，其强度超过了必要的限度，违反了比例原则。在此种情况下，以妨害公务罪对陆某定罪量刑实属适用法律不当。因强制传唤的强度超过了必要的限度，亦不应由陆某承担附带民事赔偿责任。省高级人民法院终审判决陆某父子无罪。

再次回到本文开头的案例。刘某的违约行为只是违反《民法典》的相关规定，并没有触犯《治安管理处罚法》或《刑法》的相关规定。显然，本案中的处警民警，对刘某进行传唤是没有法律依据的。那么，刘某与王某的民事纠纷，民警该如何办理？《人民警察法》第 21 条规定，对公民提出解决纠纷的要求，应当给予帮助。那么，上述法条中的“帮助”该如何理解？笔者认为，公安机关帮助公民解决纠纷的形式有四种，即调解、告知当事人解决纠纷的途径、直接联系或移交相关部门、帮助当事人固定证据。

对于刘某与王某的房屋租赁纠纷，依据上述法律规定，民警可以帮助双方当事人进行调解处理。如果调解不成，告知双方当事人解决纠纷的途径即可。如果民警担心刘某与王某的纠纷升级，可以告知升级后可能面临的后果并指派协警或者联防队员在现场维持秩序。如果刘某与王某的纠纷升级，涉嫌违反了《治安管理处罚法》或《刑法》的相关规定，民警依据《治安管理处罚法》第 82 条或《刑事诉讼法》第 119 条的规定，可以对违法行为人或者犯罪嫌疑人进行传唤。

第三节　对派出所纠纷调解工作若干误区的回应

某日，张某在某菜店里买菜，趁老板王某不备顺手牵羊了数枚鸡蛋，装入自己口袋，出门时被店员发现并报警。民警到场后将张某传唤至派出所。事后，张某认识到自己的错误，表态愿意赔偿菜店老板王某的损失，王某也表示不再追究张某的违法行为。民警认为，张某认错态度良好，可调解处理此案，将该起警情当成一起民间纠纷当场予以解决。

对于此类案例，相信在基层派出所并不陌生。笔者通过数据并结合曾经的工作经历发现，上述所谓的纠纷以及各类矛盾纠纷是基层派出所警情占比最高且最耗费警力与精力的工作之一。然而，一方面由于相关法律法规规章等抽象行政行为对派出所纠纷调解工作规定的过于宽泛；另一方面因学者对此研究较少，便衍生出些许误区。是故笔者针对误区最大的若干问题进行回应，力争减少误区对此项工作的不利影响，使基层派出所能够更正确、更高效地做好纠纷调解工作。

误区一：调解方法是衡量调解能力最重要的标准

调解方法之于调解工作的重要性不言而喻，方法对了，调解便可事半功倍，反之则不仅吃力不讨好，还可能挫伤工作积极性。

但，方法远没有方向重要。

假设你设定了往南的旅途（方向），却往北出发。即使你乘坐了最快的交通工具（方法），也是南辕北辙。《治安管理处罚法》第 9 条规定，对于因民间纠纷引起的打架斗殴或者损毁他人财物等违反治安管理行为，情节较轻的，公安机关可以调解处理。上述法律规定是对治安纠纷的最具原则性、最具源头性的规定，而上述法条中的“等”“情节较轻”“可以”该如何解释？目前，法律法规等对此没有解释，学界的解读也不多，实务工作中更缺乏统一的定论，致使民警的理解也各有不同，甚至产生认知偏差。一旦如此，便是方向产生了错误，随之而来的方法必然加速错误。

就拿本文开头的案例来看，民警对盗窃案件进行调解就是方向性的错误，其“老道娴熟的调解方法”还不如一个调解“菜鸟”，然后将该起警情当成一个行政案件进行处理（至于盗窃为何不能调解，原因在本书中的“哪些违反治安管理的行为可以调解——解读《治安管理处罚法》第 9 条之‘等’字”一文中进行过较为详细的论述，在此不再赘述）。因此，笔者认为，对于《治安管理处罚法》《人民警察法》及相关规章制度中对治安纠纷与民间纠纷的中观、微观的理论解读对解决调解实务工作中出现的问题，相比方法更加重要。

此外，笔者认为，对于在职民警的培训，不应该将调解方法放在教学重点上。诚如朋友们的留言所说，调解方法因人因案因地以及地方风俗习惯等无法统一，无法作为标准的模式传授他人，供他人学习参考。每个民警的调解方法能力的进步，可能更多地源于自己大量的实践经验、悟性以及师傅、单位优秀同事的传帮带教。

误区二：调解就是“和稀泥”

一些人认为，无论是行政调解、人民调解、律师调解，还是司法调解，只要不严格依据法律、法规、规定处理纠纷的制度，就是“和稀泥”，是对法律秩序的破坏，有违公平与正义。因此，公安机关应拒绝一切形式的调解工作。对此，笔者则持反对意见。

调解工作不仅能够节约当事人的时间、精力，还能减少诉累，避免矛盾升级，能起到维护社会稳定的作用。判决在实现公平与正义的程度上无疑是调解不能与之相提并论的，但判决消耗当事人的时间、精力、金钱也是调解工作无法比拟的。因此，笔者认为，无论是调解还是判决，都是解决社会纠纷的一种方式，两者各有利弊，没有哪种方式处于绝对优势或领先的地位，应以当事人的维权立场来判断采取哪种方式解决纠纷才更符合当事人的利益保障。

笔者的体会是，绝大多数当事人在纠纷发生后，关心的并非法律如何规定或处理结果是否符合公平正义，而是如何使自己利益最大化、损失最小化，很多当事人更偏向于选择调解。因此，笔者认为，在调解时如何促使当事人通过相互妥协找到双方均可接受的方案、尽可能满足双方的利益才是调解工作的关键。但这并不等于调解工作可以胡来或无章可循，甚至不经训练就能做好。事实上，调解工作应是规范的、科学的。

此外，从感性的角度说，笔者注意到，凡是反对调解工作的人，多数是缺乏基层派出所实务工作经历的人。如果派出所拒绝一切形式的调解工作，其日常工作就无法正常运转。虽然也许有人认为，正是因为派出所的调解工作，才产生了各类无休止的矛盾纠纷。对比，笔者认为，基层派出所处理的绝大多数矛盾都是百姓间鸡毛蒜皮的琐事引发的纠纷，当事人事后很快都能认识到自己的错误，如果公安机关直接以行政处罚等方式解决这些纠纷，不但不能从源头上解决纠纷，还可能会激发更大的矛盾，甚至产生恶劣的刑事案件。

误区三：应拒绝调解民间纠纷

在基层派出所，纠纷主要分为两类，即治安纠纷和民间纠纷。多数人认为治安纠纷属于公安机关的工作，而民间纠纷则属于人民法院或人民调解等单位、组织的工作，公安机关应拒绝调解。作为一名警察，笔者私下里也赞成公安机关拒绝调解民间纠纷，但在实务工作中暂难实现这一目标。

先说引起治安纠纷的民间纠纷。治安纠纷的根源往往是民间纠纷，如双方因为租赁纠纷引发的打架斗殴，如果仅仅处理打架斗殴，租赁纠纷在没有解决的情况下还可能引发治安纠纷，治标不治本。因此，有经验的民警会想办法把民间纠纷调解好，随后的治安纠纷调解会顺利很多，甚至是迎刃而解。当然，也有人可能认为公安机关仅需处理治安纠纷，对于引发治安纠纷的民间纠纷直接移送人民调解等组织。但这更多的是一种理想状态，在实务工作中，一起纠纷分两个部门来处理，极易发生推诿扯皮的现象，从而降低效率，最后还是得由公安机关来兜底解决这些民间纠纷。

再说纯粹的民间纠纷。对于双方当事人之间纯粹的民间纠纷，确实具备告知当事人或者移送人民调解等组织的可能。对此，一些地方的公安机关与当地的人民调解等相关部门建立了共同解决纠纷的机制，并已取得了卓有成效的成绩。但是，在实务工作中很多地方仍然存在一些困难：如民警告知了当事人到人民调解去解决纠纷，当事人不愿意去怎么办？或者民警想移送人民调解等单位，对方不接受怎么办？此外，还有更加重要的问题是，即使公安机关与当地的人民调解等相关部门建立了共同解决纠纷的机制，如果做不到 24 小时无缝对接怎么办？或者有人认为，等其他单位上班再交接。但事实上，一些民间纠纷尚未等到其他单位上班时，就已经演变成治安或者刑事案件了。此时，这些警情会自然而然地流向公安机关。

基于以上分析，笔者认为将引发治安纠纷的民间纠纷移送其他单位是难以实现的。而对于部分纯粹的民间纠纷，如果其他单位做不到与公安机关 24 小时无缝对接，其移送或告知的效果必将被大打折扣。因此，拒绝调解民间纠纷不切实际。

误区四：纠纷调解的理论课程不重要

笔者多次与公安院校和实务部门负责在职民警业务培训的朋友交流发现，上述部门均未开设过派出所纠纷调解的相关课程。笔者也咨询了多地多个基层派出所民警和数家公安学院的学者，请教他们是否需要开设纠纷调解的理论课程。很多基层民警认为很有必要，且对这门课程很感兴趣，也很愿意与大家交流自己的心得体会。而也有部分民警认为调解方法不是固定的可以复制的，学者则认为公安机关就不应该调解矛盾纠纷，所以没有必要。

众说纷纭，但笔者认为开设相关课程很有必要。其一，调解方法只是派出所纠纷调解工作的重要组成部分，并非唯一，重要的是要对纠纷调解工作相关的理论工作展开探讨，为纠纷调解工作指明方法。其二，针对公安机关不应该调解矛盾纠纷，笔者的反对理由在本文的第二、三部分已经作出说明，在此不再赘述，因此笔者认为这些人认为没有必要开设这门课程的理由不够充分。

此外，还有些人认为，公安院校和实务部门多数没有开设过派出所纠纷调解相关课程的原因无非有两个：一是教授这门课程既需要纠纷调解的大量实践，还要一定的理论深度，而具备这两者的教师太少；二是上级部门对派出所纠纷调解工作一般不做考核（其原因为纠纷调解工作不如办案指标那样好量化），故基层派出所对其不重视，需求与积极性自然不高。

鉴于此，笔者建议公安院校和实务部门早日开设派出所纠纷调解课程，尤其是对在职民警的培训要及时跟进，减少因为理论的匮乏导致基层民警调解纠纷更多的是靠自己的实践、悟性以及传帮带教。通过培训，使民警具备更好的理论基础，提高纠纷调解的效率，为维护社会的稳定做出更多的贡献。

第四节　再遇“天价虾”警情该如何处警

国庆期间，在某地游玩的肖先生和朱先生两家先后到同一家烧烤店就餐。点餐时，肖、朱对菜单上标价 38 元的大虾均产生疑惑，询问老板是否按份计算，在得到老板的确认后，遂放心就餐。然而在结账时，虾为 38 元一只，老板的理由是虾为海捕大虾且价目单最下方有“以上海鲜单个计价”的标示。肖、朱二人无法接受如此昂贵的虾，与老板理论未果后选择报警。

民警到达现场了解情况后告知当事人：“此事属于价格纠纷，不在公安机关的受理权限范围内，建议报警人找物价部门投诉。”后离开现场。之后，肖、朱二人拨打物价部门电话，但物价部门值班人员说：“太晚了处理不了，只能等到明天。”两个当事人投诉碰壁后，继续和老板争论虾的价格，但老板态度强硬，不肯让步。肖、朱二人遂拒付餐费，欲离开现场，于是老板持械威胁他们并报警。再次到达现场的民警将三人带至派出所，经协调，肖、朱二人分别支付老板 800 元和 2000 元的餐费，并保留了证据，准备再找物价部门维权。

回家后，不甘心如此被“宰”的肖先生和朱先生，用微博将本次就餐的遭遇及公安机关的处理过程进行曝光。此事迅速在全国各大网站、媒体进行传播，网友将他们吃的虾戏称为“天价虾”，并对该事从不同的角度展开评论。其中，比较集中的观点是，“天价虾”行为构成敲诈勒索罪或强迫交易罪，公安机关应对老板的违法行为立案侦查。但事实情况是，处警民警非但未将老板予以控制，还称此事公安机关管不了。于是不少网友包括笔者身边的多个朋友认为，公安机关不作为，背后肯定有猫腻。随着舆论的持续发酵，该地公安机关的形象瞬间被推至百姓的对立面，一时成为众矢之的。

那么，公安机关是否构成不作为，问题的关键在于“天价虾”行为是否构成敲诈勒索罪或强迫交易罪。如果是，公安机关就是不作为，否则公安机关就背了黑锅。因为本文的关注点不是分析上述两个罪名，所以笔者不从犯罪的构成要件来展开论述，而从另外一个角度反证“天价虾”行为是否构成敲诈勒索罪或强迫交易罪。10 月 6 日下午，案发地的某区市场监督管理局以饭店老板涉嫌价格欺诈为由，根据《行政处罚法》的相关规定，拟对饭店老板作出 9 万元罚款的行政处罚，并责令其停业整顿，吊销营业执照。市场监督管理局的处罚有力地否认了“天价虾”行为构成敲诈勒索罪或强迫交易罪，而是构成涉嫌价格欺诈。既然如此，依据《禁止价格欺诈行为的规定》中的相关规定，市场监督管理局才是主管“天价虾”行为的单位，而非公安机关。因此，公安机关没有不作为，公安民警在执法程序上没有原则性的错误，不应该成为舆论的指责对象，应该对公安机关接到报警后及时处警并预防矛盾的进一步升级进行肯定。

有人可能进一步质疑，既然公安机关没有执法权限，为何两次到达现场并给予调解呢？这确实是公安机关执法过程中经常遇到的一个尴尬局面。当一些其他部门管辖的纠纷或者违法行为发生后，部分当事人在“有困难找警察”的承诺下会选择报警，而由于公安机关和有关主管机关没能建立便捷的系统对接机制，公安机关无权指令有关主管机关第一时间赶往现场进行处理。尤其在非工作时间，即使公安机关在处警现场通过甄别认为警情非公安机关主管，也不易和有关主管机关进行对接，更何况是要求相关执法人员到达现场执法。而这些纠纷或者违法行为往往与治安、刑事案件仅有“一拳头”的距离，出于维护社会稳定的考虑，公安机关只能主动处警，被动地成为“执法机关”。此外，处理上述警情时，也正因为公安机关没有执法权限和专业的业务知识，结果容易弄巧成拙。

那么，对于这些有关主管机关缺位的纠纷或者违法行为，在对接机制尚未建立的情况下，公安机关既然选择了出警，如何开展工作较为合适呢？笔者有以下三点建议：

一是对于事实简单，争议不大的纠纷，在双方当事人自愿的前提下，依据《人民警察法》第 21 条“对公民提出解决纠纷的要求，应当给予帮助”的规定，可以将这些纠纷视为普通的民间纠纷，开展调解工作，帮助双方达成协议。若双方不愿调解或调解失败，公安机关应及时告知双方当事人解决问题的合法途径。

二是对于事实清楚、情节较轻的违反其他有关主管机关管辖的违法行为，应及时告知双方当事人解决问题的合法途径，如有条件，争取与有关主管机关取得联系，若联系不上且矛盾有进一步升级可能的，应做好相应的秩序维护工作。如果该违法行为演变成殴打他人或故意损毁财物等违法行为，公安机关应视情节严重程度依据《治安管理处罚法》或《刑法》的相关规定依法处理，对于上述违法行为符合调解条件的，在双方当事人自愿的前提下，公安机关可以依法调解。

三是对于复杂的、争议较大的纠纷或情节较重的违法行为，公安机关在无法与有关主管机关对接的情况下，应当依据《人民警察法》第 21 条“对公民的报警案件，应当及时查处”的规定做好调查取证工作，然后根据《公安机关办理行政案件程序规定》第 61 条第 3 款“对不属于公安机关职责范围的事项，在接报案时能够当场判断的，应当立即口头告知报案人、控告人、举报人、扭送人、投案人向其他主管机关报案或者投案，报案人、控告人、举报人、扭送人、投案人对口头告知内容有异议或者不能当场判断的，应当书面告知”之规定，视情况口头或书面告知报警人向其他主管机关报案。待相关部门接手上述警情时，如果需要相关证据再向公安机关调取。当然，若纠纷或违法行为需要公安机关配合的，公安机关应该及时介入。

第五节　对“天价赔偿”真的束手无策吗

田某和陈某系单位同事，某日，两人因工作分歧发生口角，在这期间田某一句侮辱性的语言激怒了陈某，陈某将田某打得血流满面。经验伤，田某构成轻微伤。当晚，陈某认识到自己的过错，请求公安机关调解处理。办案民警认为，陈某的违法行为由田某的侮辱性语言引起，情节较轻，适合调解，便劝说田某接受调解。然而田某虽接受了调解，但要求陈某赔偿其医药、误工等费用共计 10 万元。尽管民警多次协调，田某仍坚持己见，要么陈某赔钱，要么交由公安机关依法处理。最终，陈某为自己的行为付出了 8 万元的代价。

在基层公安机关，类似该案出现天价赔偿的现象并不是极端个例，甚至一些案件较此有过之而无不及。一种观点认为，陈某既然将他人殴打致伤，想免于行政处罚就应付出经济代价。至于赔多赔少，系双方当事人自愿协商之结果，不存在公平公正的问题；另一种观点认为，在自愿的前提下，双方当事人的协议内容确实不存在法律瑕疵，但从整个社会普遍所能接受的标准来看，“天价赔偿”乃是在“合法”的外衣掩护下变相地“敲诈勒索”，既有失公平，也有违公序良俗原则，尤其还是在公安机关的介入下形成的，其社会影响较坏。

笔者赞同第二种观点。《治安管理处罚法》第 9 条规定，对于因民间纠纷引起的打架斗殴，情节较轻的，公安机关可以调解处理。从实务工作中看，调解协议书的内容无非分为两部分，一部分是致歉表态，另一部分是经济赔偿。但法律并未就赔偿标准作任何指导性的规定，换言之，案件发生后若双方当事人选择调解处理，经济赔偿数额是双方协商的结果。虽然公安机关在调解过程中会综合各种因素提出一个相对合理的标准来了结案件，但协商结果的最终决定权仍在当事人手中。如果被害人执意不肯让步，行为人又畏惧行政处罚带来的后果，则容易出现“天价赔偿”的现象。

针对这种不合理、不正常的现象，虽然在法律上尚无制度对其进行制约，但并不代表公安机关对此就束手无策。笔者总结了以下几点对策供公安机关参考。

一、熟人劝说

笔者注意到，治安案件中的当事人多数是同事、朋友、邻居等关系，也就是说熟人居多。而熟人之间是需要感情维系的，一旦感情遭到破坏，不仅熟人之间的人际关系难以维系，还有可能波及身边的人际关系，这对很多当事人来说压力是很大的。因此，熟人之间出现了天价赔偿的要求，通过熟人来劝说也许效果最好。因此，《公安机关办理行政案件程序规定》第 182 条“对因邻里纠纷引起的治安案件进行调解时，可以邀请当事人居住地的居（村）民委员会的人员或者双方当事人熟悉的人员参加帮助调解”的规定是有一定道理的。笔者认为，上述规定的目的是，找熟人参加调解不仅能够增加调解成功的可能性，还能在很大程度上降低“天价赔偿”现象出现的可能性。因此，如果治安调解中一旦出现了天价赔偿的苗头，办案民警找到有话语权的熟人劝说是一个有效的办法。

二、参考相关标准

在实务工作中，虽然纠纷赔偿标准的最终决定权在当事人手中，但在多数治安纠纷中，公安机关在双方讨价还价的过程中会起到很大作用，如果公安机关能够提出一个令被害人较为满意的赔偿方案，多数当事人是能够接受的。故笔者建议，公安机关可参照 2003 年《最高人民法院关于审理人身损害赔偿案件适用法律若干问题的解释》中关于医疗费、误工费、护理费、交通费、住宿费、住院伙食补助费、必要的营养费的标准，提出高于上述 50%左右，最多两倍的标准（该标准仅针对殴打他人等侵犯人身权利的治安案件）。之所以要高于上述标准，是因为嫌疑人若想要免于行政处罚，就应该付出一定的经济代价。如果被害人在经济上得到较为满意的赔偿，其心理上也就更容易原谅对方，接受公安机关的调解意见。如此，也能够较好地平衡罚与调的关系，同时也可以减少“天价赔偿”现象的出现。

三、拒绝调解

《治安管理处罚法》第9条规定，对于因民间纠纷引起的打架斗殴或者损毁他人财物等违反治安管理行为，情节较轻的，公安机关可以调解处理。在实务工作中，绝大多数打架斗殴或者损毁他人财物等违反治安管理的行为，在上述法律的立法精神指导下会通过调解的方式予以处理，能够起到减少社会矛盾、维护社会稳定的作用。如果调解后没有减少社会矛盾，而是增加了当事人之间的怨恨，笔者认为，公安机关的调解工作就违背了该法的精神，是失败的。试想，如果一拳头下去，被对方抓住把柄赔偿几万甚至更多，这样的结果会让行为人产生什么样的心理？他可能会有满腔的怒火，可能会想到伺机报复，可能将同样的方法用在别人身上，还有可能会将不满迁怒于公安机关，认为公安机关不作为。这样的结果，不能起到教育当事人认识错误与人握手言和的作用。如此调解，是没有正面意义的，会产生极其不良的社会效果。因此，一旦一方提出离奇的天价赔偿要求时，笔者认为公安机关应该及时拒绝调解，对违法行为人予以行政处罚，阻止不合理现象的发生，以免产生恶劣的社会影响与不良的效仿效应。

四、减少行政处罚的后遗症

上述案例中的陈某为何要接受田某的天价赔偿要求，相信陈某一定分析过赔或不赔的利弊得失。其中一个重要原因是，一旦自己被行政拘留将要面临一系列的法律与社会后果：工作可能失去、领导职务可能失去、社会声誉可能受损、直系亲属的就业可能受到负面影响等。这对个别当事人来说是无法承受之重，必须想尽一切办法避免这些事情的发生，那么被动地接受被害人的天价赔偿要求往往是无奈的选择。试想，如果行政处罚的法律与社会后果没有如此严重，行为人也许不会有如此多的顾虑，在与对方讨价还价中的底气也许就会更加足一些，在一定程度上能够减少天价赔偿现象的发生。因此，对于这类社会影响不严重的治安案件，减少行政处罚的后遗症是关键。当然，这并不是基层派出所能够决定的，需要上级部门统筹考虑、解决。

第六节　现场调解后被害人可能构成轻伤该怎么办

李某与王某是某商场的同事，因为工作上的琐事发生争执继而演变为肢体冲突，王某踹了李某肋部一脚。李某报警。民警接警后将双方带至商场警务室，固定了相关证据。其间，王某认识到了自己的错误并愿意为此承担责任，主动提出赔偿李某500元，请求公安机关出面调解。李某称未感身体异常不需要去医院治疗，表示原谅王某的错误行为，也要求公安机关现场调解处理此事。

在警务室，民警认为，李某与王某的上述行为，由民间纠纷引起，情节较轻，符合《治安管理处罚法》第9条“对于因民间纠纷引起的打架斗殴或者损毁他人财物等违反治安管理行为，情节较轻的，公安机关可以调解处理”与《公安机关办理行政案件程序规定》第178条“对情节轻微、事实清楚、因果关系明确，不涉及医疗费用、物品损失或者双方当事人对医疗费用和物品损失的赔付无争议，符合治安调解条件，双方当事人同意当场调解并当场履行的治安案件，可以当场调解，并制作调解协议书。当事人基本情况、主要违法事实和协议内容在现场录音录像中明确记录的，不再制作调解协议书”之规定，并明确告知李某放弃伤势鉴定的法律后果后，同意了双方的请求，现场调解处理该起纠纷。之后，王某当场向李某道歉并赔偿李某500元，双方握手言和，表示该纠纷到此为止。执法记录仪全程记录了此案的处理过程。

然而，两日后，李某肋部疼痛难忍，与民警现场调解时完全不同。李某再次报警，认为自己可能构成轻伤，要求公安机关追究犯罪嫌疑人王某的刑事责任。对此，公安机关该怎么办？

笔者认为，在并未确定李某构成轻伤的情况下，公安机关可以根据《公安机关办理行政案件程序规定》第65条“对发现或者受理的案件暂时无法确定为刑事案件或者行政案件的，可以按照行政案件的程序办理”之规定，对该案以行政案件受理。调查取证后，存在以下几种可能：

其一，李某的伤势经鉴定不构成轻伤。由于李某与王某已经在现场达成了调解协议，公安机关应当以《公安机关办理行政案件程序规定》第258条第（2）项“按照本规定第十章的规定达成调解、和解协议并已履行的”之规定，对该案予以结案。

其二，李某的伤势经鉴定构成轻伤，但其在离开调解现场后，因时间间隔的原因导致其伤势与王某的行为之间存在介入因素，若无法证明该轻伤结果与王某伤害行为存在因果关系，此时公安机关应根据《公安机关办理行政案件程序规定》第 258 条第 2 款“按照本规定第十章的规定达成调解、和解协议并已履行的”之规定，对该案予以结案。之后，告知被害人李某可以向人民法院提起民事诉讼。

其三，李某的伤势经鉴定构成轻伤。公安机关结合相关证据对该案进行综合判断，能够证明被害人李某的伤势确系犯罪嫌疑人王某的行为所致，且证据达到《刑事诉讼法》第 55 条“确实、充分”之标准，则公安机关应根据《公安机关办理行政案件程序规定》第 172 条“违法行为涉嫌构成犯罪的，转为刑事案件办理”之规定，将该案转换成刑事案件，待案件侦查终结后移送人民检察院审查起诉。

其四，李某的伤势经鉴定构成轻伤，但其在离开调解现场后，因时间间隔的原因导致其伤势与犯罪嫌疑人王某的行为之间存在介入因素，虽然收集的证据有薄弱环节或争议之处，但能够证明犯罪嫌疑人王某的基本犯罪事实，公安机关仍应将该案转换成刑事案件，待案件侦查终结后移送人民检察院审查起诉。

然而，有人可能不认同最后两种思路，认为李某在调解现场已与王某达成调解协议，并放弃了追究王某的责任，即使事后发现自己构成轻伤，且确为犯罪嫌疑人王某的行为所致，则公安机关也丧失了追究嫌疑人责任的权力，应当按照《治安管理处罚法》第 9 条第 2 款“经公安机关调解，当事人达成协议的，不予处罚”之规定，不能再受理该案。

对此，笔者持反对意见。其原因在于上述观点误将该刑事案件当成治安案件处理。诚然，如果李某仅构成轻微伤，其与王某达成调解协议后，公安机关和李某均丧失了追究王某责任的权力或权利。但是，李某与王某达成协议的前提是李某主观上对自己的伤情存在认识错误，故其在协议中不再追究王某法律责任的内容是可以撤销的。且即使李某在现场已认识到自己的伤势会构成轻伤，也没有权利要求公安机关放弃追究王某的刑事责任。因此，当李某发现自己构成轻伤的时候，有权要求公安机关依据《公安机关办理伤害案件规定》第 28 条“被害人伤情构成轻伤、重伤或者死亡，需要追究犯罪嫌疑人刑事责任的，依照《中华人民共和国刑事诉讼法》的有关规定办理”之规定要求公安机关重新处理，公安机关也应当及时受案处理，追究犯罪嫌疑人的刑事责任。

第七节　轻伤案件和解后公安机关可以撤案吗

陈某与董某虽系夫妻却感情淡薄且日常争执颇多。某日，两人又因生活琐事发生口角继而厮打。陈某将董某手臂打致骨折，董某报警。民警初步判断被害人董某的伤情极可能构成轻伤，便在受案后以陈某涉嫌故意伤害罪进行立案侦查。民警将陈某传唤至派出所，取证完毕后，考虑到两人系夫妻关系，社会危险性较小，便对陈某采取了取保候审的强制措施。

经鉴定，董某确构成轻伤。虽然董某伤情不轻且两人关系不睦，但两人毕竟是夫妻，经双方共同的朋友调解，陈某取得了董某的谅解，双方当事人签订了刑事和解协议书。内容有三：（1）陈某真诚悔过并向董某赔礼道歉；（2）陈某赔偿董某人民币 30000 元作为董某人身被侵害的全部损失；（3）董某原谅陈某的犯罪行为，并请求公安机关撤案，不移送人民检察院。

那么，在被害人董某与犯罪嫌疑人陈某签订刑事和解协议书并已履行的情况下，公安机关可以撤销案件吗？

对此，在实务工作中，可能会有办案民警依据《治安管理处罚法》第 9 条“对于因民间纠纷引起的打架斗殴或者损毁他人财物等违反治安管理行为，情节较轻的，公安机关可以调解处理。经公安机关调解，当事人达成协议的，不予处罚”之规定，认为刑事案件与治安案件一样，双方当事人若能自愿达成和解签订协议书，公安机关就丧失了追究犯罪嫌疑人刑事责任的权力。或者认为，既然被害人与犯罪嫌疑人达成了刑事和解，就可以起到减少诉累、节约司法资源的目的，理应撤销案件。

无疑，上述认识是错误的。无论是根据《刑事诉讼法》第 290 条“对于达成和解协议的案件，公安机关可以向人民检察院提出从宽处理的建议”之规定，还是根据《公安机关办理刑事案件程序规定》第 338 条“对达成和解协议的案件，经县级以上公安机关负责人批准，公安机关将案件移送人民检察院审查起诉时，可以提出从宽处理的建议”之规定，都没有表明刑事案件在刑事和解后，公安机关拥有可以撤销案件的权力。实际上，根据上述规定，公安机关在侦查阶段对达成刑事和解协议的案件是不能撤销案件的，应当将案件移送检察机关审查逮捕或审查起诉，并可以随案提出从宽处理的建议。而检察机关对案件是否捕诉，应另当别论。

综上所述，轻伤案件和解后，公安机关不可以撤案，也不可以终止侦查工作，而是待侦查终结后移送人民检察院审查起诉。此外，还有一个与上述问题关联很大，且时常会在实务工作中发生的问题，也很值得关注。

还以本案为例。假如董某在被陈某殴打至轻伤后，因犯罪嫌疑人是自己的配偶，拒不配合公安机关对其伤情进行鉴定应如何办理？类似的情况并不少见，原因主要有被害人或私下收受犯罪嫌疑人或其家属的大量钱款，或出于感情因素考虑，或忌惮犯罪嫌疑人报复心存顾忌等拒不配合公安机关侦查工作，坚持放弃伤情鉴定。

而根据《公安机关办理伤害案件规定》第 17 条“公安机关办理伤害案件，应当对人身损伤程度进行鉴定”之规定，公安机关办理故意伤害等案件，应对被害人的伤情进行鉴定，伤情鉴定意见系司法机关对故意伤害定罪量刑的重要依据。而在实务工作中，一旦出现被害人拒绝公安机关对自己的伤势进行鉴定，《刑事诉讼法》并没有规定，公安机关可以对被害人进行强制鉴定，此时，公安机关因为缺乏关键证据，导致所收集的证据很难达到《刑事诉讼法》第 55 条“确实、充分”的标准。对此，公安机关应当对被害人拒绝伤情鉴定的情况进行说明，并通过笔录、视听资料等证据证明被害人拒绝鉴定是出于自愿，而非被迫。

第八节　“要个说法”

——再观《秋菊打官司》后感

时隔多年，再观张艺谋执导的《秋菊打官司》这部电影，竟有新的感悟。电影讲述了陕西一个偏远农村的故事：秋菊的丈夫万庆来在违章建房过程中，与“执法”村长王善堂发生了口角。万庆来一句“断子绝孙”直接刺激了村长，恼羞成怒的后者对着前者的裆部就是几脚，导致万庆来也有可能断子绝孙。身怀有孕的秋菊去村长家为丈夫“要个说法”碰壁后，到派出所报案。经李公安调解，批评了村长和万庆来的错误，并让村长赔偿万庆来 200 元医药费和误工费，但倔强的村长并不认错。在给付秋菊赔偿金的时候直接将钱撒在地上，让秋菊弯下腰去捡。

尊严扫地的秋菊没有得到“说法”，决定不接受李公安的调解，开始迈上了费时费力、得不偿失的诉讼之路。“官司”打得并不顺利，从初审开始，到县市行政复议，直至两级诉讼，秋菊以锲而不舍的精神，终于等来了终审判决。在终审判决前，秋菊因难产险些丧命，村长不计前嫌，半夜找人帮忙将秋菊抬到医院，秋菊得以顺利产下一名男婴。秋菊一家对村长感激不尽，再三邀请“摆谱”的村长参加孩子的满月宴。但就在村长准备赴宴时，“认死理”的秋菊却被李公安告知赢得了“官司”，村长被处以行政拘留 15 日。秋菊困惑不已：“抓走？我就是要个说法嘛，我没让他抓人嘛，他咋就把人抓走了呢？”电影的结局是，秋菊循着警笛声不停地追赶，茫然、迷惑、无奈、失落的表情最终被镜头定格。这部作品展现的内容是多方面的，从治安调解的角度看，虽然李公安及县市公安机关费尽口舌，尽职尽责并让村长为自己的错误行为付出代价，实现了法律上的正义，但笔者认为，他们的调解工作是失败的。

失败的核心原因就是没有处理好秋菊“要个说法”的诉求。秋菊所谓的“要个说法”，用法律语言表达就是让村长赔礼道歉，并没有经济上的、人身方面的其他要求。虽然该电影已经过去近 30 年，但“秋菊”们的“要个说法”并未过时。虽然当时的《治安管理处罚条例》早在 2006 年 3 月 1 日就升格为《治安管理处罚法》，但时至今日，纠纷调解人在调解纠纷过程中依然要面对“要个说法”这个问题。甚至可以肯定地预见，随着百姓经济水平的不断提高、法律意识的逐步觉醒，“要个说法”在未来的纠纷调解中的地位将进一步凸显，不计经济产出和回报，只想“要个说法”的“秋菊”似的当事人也将越来越多。而在实务工作中，一些调解人在调解纠纷过程中容易在“要个说法”上把握不准，处理不当。笔者认为主要有以下四种情况，并提出应对策略。

一是“面子工程”要重视。《治安管理处罚法》第 9 条规定，对于因民间纠纷引起的打架斗殴或者故意损毁他人财物等违反治安管理行为，情节较轻的，公安机关可以调解处理。经公安机关调解，当事人达成协议的，不予处罚。那么，达成调解协议的内容是什么，法律并未作出详细的规定，也无对应的司法解释。在实际操作中，协议的内容无非就是赔礼道歉和经济赔偿。事实上，在绝大多数的治安纠纷调解过程中，经济赔偿是双方能否达成协议的决定性因素，赔礼道歉则显得微不足道。电影中，除秋菊外，村长、村民乃至市公安局（行政复议决定赔偿由 200 元增至 250 元），甚至受害人万庆来本人无不认为赔了钱就代表认了错。正是在大量经验面前，个别纠纷调解人误以为，只要撮合双方当事人达成经济赔偿协议就算达成了调解的目的。当然，多数当事人被赔偿后确实会“心满意足”，和对方“握手言和”。然而，如果不能使一方或双方当事人从思想上认识到自己的错误，矛盾未必能真正得以化解。笔者在基层工作中发现，“达成协议”后的当事人还没走出调解室的大门就再次破口大骂，甚至大打出手的案例并不少见，更别提事后矛盾再次激化的例子。鉴于此，笔者建议纠纷调解人在调解纠纷的开始就要高度重视当事人“要个说法”的思想，这样的调解工作才能事半功倍，若一切调解都围绕着赔偿开展，矛盾即使勉强被解决，也会埋下治安隐患。

二是责任划分要明确。笔者注意到，纠纷发生后，当事人习惯无限放大对方的错误，为自己开脱，甚至根本认识不到自己的错误。例如电影中，秋菊在县里找人代写申诉书时也一味强调，村长违反计划生育，养不出儿子，拿普通群众撒气，丈夫顺嘴说了句“养母鸡”便遭到报复，控告村长故意杀人（尽管为他人代写，但至少得到秋菊的认可），而绝口不提自己丈夫的过错，这便是对上述当事人的特征最典型的注脚。趋利避害是人的正常心理活动，本性使然。笔者在处理众多纠纷中也不曾遇见只做自我检讨、肯定对方的当事人。因此，纠纷调解人不要奢望当事人主动找对方道歉认错，那只能当成买彩票中大奖的运气来碰碰。在实际工作中，个别纠纷调解人在纠纷发生后，在没有划清双方责任的前提下，便极力促使双方当事人相互谅解，甚至公开直指各自的错误，轻者激化矛盾，重者引火烧身。鉴于此，笔者认为，如果想让一方或双方当事人向对方道歉，首先要让当事人认识到自己的错误。当然，这是需要技巧的。正常情况下，当事人更喜欢指责对方的错误，并更乐于听到纠纷调解人指出对方的错误。因此，在调解的过程中，纠纷调解人最好将双方隔离，在甲面前客观地指出乙的错误，反之亦然，只有取得当事人的信任，打消纠纷调解人偏袒另一方的怀疑，再指出其自身的错误并进行批评，让其真正认识自身存在的过错。如此，双方才能心服口服，实现真正意义上的和解，讨到“说法”，双方才有从心里达成协议的可能性。

三是关注程度要平衡。矛盾的发生往往不会无中生有。绝大多数的纠纷是因双方当事人都有过错造成的，只是过错大小不同，极少存在仅一方就能将矛盾扩大的案例。但事实上，纠纷发生后，少数纠纷调解人会将目光盯住责任大的一方，也就是动手打人或故意损毁他人财物等违法行为的一方，极力促使责任大的当事人向对方道歉，而忽略被动挨打或损失较小、责任较小的一方。虽然这样抓住了矛盾的主要方面，为纠纷的调解奠定了基础，但忽略小责方往往容易激起大责方的反感，干脆拒绝认错。实际上，部分小责方的不当语言或动作刺激有时正是矛盾发生的导火线。所以，纠纷调解人在调解纠纷时不能只看结果，还要分析原因。例如电影中，虽然村长踢万庆来的裆部在法律上确实要承担全部责任，但如果没有万庆来“断子绝孙”这句刺激生了四个女儿的村长的话，村长打人的可能性很小。看完电影后，笔者向一直生活在农村的母亲讲述了这个故事，母亲极其同情村长，她认为在农村“断子绝孙”这句话对一个没有儿子的人的打击力度绝不逊于裆部被踢了几脚受到伤害的程度。而电影中，尽管李公安及县市公安机关指出了他们各自的错误，但如果不是仅盯着村长的过错，反过来先去做做万庆来和秋菊的思想工作，建议其找村长承认自己的错误，也许找到台阶下的村长顺势就承认了自己的错误，给了秋菊一个“说法”。因此，矛盾发生后，纠纷调解人要找出问题产生的真正原因，绝不能只看表象，更不能只紧盯大责方，忽略小责方，抓住了矛盾产生的真正原因，打破常规，逆向思维，矛盾或许就迎刃而解了。

四是道歉方式要灵活。划清责任，找准方向，当事人一方或双方认识到自己的错误后，便到了“要个说法”的阶段。此阶段不可小觑，个别纠纷调解人提议的自以为是的道歉方式或当事人以为妥当的道歉方式，由于对方不能接受或者反感，容易导致整个协议的履行翻盘，使所有努力付诸东流。例如电影中，在村长拒绝道歉的情况下，李公安自作主张自掏腰包买了点心去秋菊家里表示村长道歉就很典型，这样的道歉方式产生的结果是南辕北辙，弄巧成拙。在实务工作中，类似李公安的纠纷调解人绝非个案，在没有了解双方背景的前提下，贸然建议当事人采用自以为合理的方式，或者接受当事人一方提出的用自己钟爱的方式（尽可能地保全自己的面子）去道歉，或者敦促双方当面口头道歉。诚然，根据经验，这样的方式多数能奏效，但由于个人的性格和受教育程度及所处的环境不同，道歉方式往往大相径庭。有人可能觉得，对方如想真正道歉，就必须出具书面文书才显诚意；有人可能要求对方当面口头道歉就够了；有人可能觉得和对方握个手、点个头、打个招呼即可；还有人只要对方找个熟人带个话也就原谅了对方。而一旦在方式上没有达到自己的预期，对于那些爱面子的人来说，一个简单的动作或一句不经意的话就可能使之前的所有努力付诸东流。因此，纠纷调解人在促成双方道歉和解的方式上，最好先了解双方的要求、态度、背景等，建议找到一个双方都认可、都能接受的方式，绝不能自以为是地去处理，力争创造一个双方都能接受的方式，在最后一环案结事了。

第九节　调解纠纷，如何预防负面舆情

出租车司机与乘客因琐事发生纠纷，遂报警求助。经民警现场调解处置，双方就赔偿金额达成协议。

事后，司机认为自己吃亏不少又至派出所要求民警联系乘客重新协商赔偿事宜，民警则认为该纠纷已然调解遂拒绝其要求。彼时值班民警因便衣出警归来未穿着制服，司机便以民警着装不规范为由扬言民警若不重新调解补偿自己经济损失将曝光民警。民警闻言极为上火，一气之下便说："我穿不穿制服跟你有什么关系？你要是敢把我拍了传到网上去你给我小心点！"

上述民警的语言被当事人录音录像后上传至自媒体平台，迅速引发负面舆情。很快，民警因着装不规范、对待群众态度简单粗暴，被上级机关停止执行职务，并展开调查处理。

很多民警可能会认为，虽然民警的警容风纪及语气不对，但该司机无理在先，民警不予帮助是有道理的，为民警的遭遇而愤愤不平。实务中，基层民警调解了大量的矛盾纠纷，为百姓解决了许多实际困难，却因自身的错误或失误被当事人、围观群众甚至个别动机不正的人发布到互联网上成为负面舆情，相关民警也因此引火烧身，承受巨大的心理压力，甚至受到处分，使"英雄流血又流泪"。

当前，随着百姓对自媒体资源日趋成熟的掌握及日臻完善的运用，民警不仅要自己在执法过程中全程录音录像，也要习惯被别人全程录音录像，要争取自己在执法过程中的每一句话都经得起考验。如此即使面对舆情也不会被人抓住把柄，亦能从容应对。鉴于此，笔者认为，为了预防调解工作沦为负面舆情，应做好以下几点：

一、合法调解

《公安机关办理行政案件程序规定》第 180 条规定，调解处理案件，应遵循合法之原则。至于合法原则，含义较广，笔者仅就本文的主题谈一点看法。笔者认为，有三类纠纷不能调解：拒绝接受调解的经济纠纷、非因民间纠纷引起的违反治安管理行为、刑事案件（可主持刑事和解，但不能调解结案）。鉴于此，一旦所谓的纠纷属于上述三类，一定要引起高度重视，千万不能调解处理。不过实务工作中，有些纠纷并非非此即彼、泾渭分明，到底属不属于上述三类，或处于争议、模糊地带确实难以判断。对此笔者建议，对于不能作出准确定性的纠纷，要及时带所，不要"和稀泥"处理。比如，个别民警把寻衅滋事、盗窃等治安案件，甚至涉嫌犯罪的行为当成普通纠纷予以调解而形成负面舆情，是好心办坏事的典型。

二、公正调解

《公安机关办理行政案件程序规定》第 180 条规定，调解处理案件，应遵循公正之原则。以笔者之经验，绝大多数纠纷都是由经济利益直接或间接引发鸡毛蒜皮的琐事，只要民警在调解纠纷的过程中，主观上对双方当事人的利益保持公正的心态，不顾此失彼，或明显偏袒一方，多数纠纷基本上能现场或者很快予以调解解决。不过，个别时候民警在主观上出于其他因素考虑，或在客观上提出过于离谱的调解方案，让当事人或围观群众感觉民警未能将一碗水端平，甚至是为了私利而引发负面舆情被人抓住把柄而陷入被动。鉴于此，笔者认为民警调解纠纷主观上要有公正之心，客观上不能使调解的方案过于荒唐而招人不满甚至形成负面舆情。

三、规范调解

关于调解过程如何规范，笔者认为要注意以下几点：首先，要及时出警。及时出警，可以在很大程度上避免小的纠纷激化为治安或者刑事案件，否则公众就可能迁怒于公安机关，最后演变成负面舆情。其次，警容风纪要规范。除特殊情况外，民警处警时要规范着装及配备相应装备，这是规范执法的基本要求，可以避免被人拿来做文章。最后，用语要规范。主动说话时，民警要始终围绕着纠纷的内容展开，不说外行话，不能被人把话题带偏而陷入不利的语言圈套。回应当事人或百姓话题时，要条理清晰简明扼要，切忌被对方无理、挑衅、违法等语言所左右，导致情绪失控，说出不文明用语授人以柄，或被人截取只言片语形成负面舆情。

四、习惯监督

自媒体时代，在执法的过程中要时刻提醒自己，哪怕当事人根本不具备录音录像的条件，也要认为他们就在录音录像监督自己的调解工作。一旦形成了习惯在录音录像工作的场景，民警在调解的时候就会形成条件反射，就会自觉地规范自己的执法程序与语言，如此可以大幅度降低形成舆情的可能性。此外，一旦发现有人在录音录像，切忌如临大敌般横加阻拦，毕竟监督民警执法是公民的权利。民警能做的就是提醒他们，如果掐头去尾或断章取义形成负面舆情，可能涉嫌违法或犯罪，要被依法追究责任。笔者相信，民警习惯了在镜头下执法后并能及时提醒录音录像者，能避免绝大多数涉警舆情，不会因粗暴地阻拦监督而成为负面舆情。

五、带离现场

实务工作中，多数纠纷是可以在现场调解解决，但确有个别涉及人员较多或分歧较大的纠纷，一时半会难以化解。此时，理性的应对策略是，报告领导或指挥中心请求增援，或迅速将人员带离现场，否则就可能产生如下情况：现场失控矛盾扩大，民警言多必失被人抓住把柄，形成负面舆情。鉴于此，民警在处警现场要根据纠纷的实际情况，要有高度的敏感度，及时调整策略，掌握调解工作的主动权，避免节外生枝形成负面舆情。

在自媒体飞速发展的时代，作为最早介入大量社会矛盾纠纷的一线基层民警群体，必然成为镜头下的常客，其言行举止将受到全方位的监督，一些处警过程会被曝光，个别警情会演变成涉警舆情。为顺应时代变化，基层民警能做的只有面对，不能躲避、排斥。打铁还需自身硬，只要确保执法过程依法、公正、规范等，就算有人断章取义发酵舆情，民警的工作也会得到百姓的理解与支持。

附录　公安行政调解相关法律法规

中华人民共和国治安管理处罚法（节选）

（2005年8月28日第十届全国人民代表大会常务委员会第十七次会议通过　根据2012年10月26日第十一届全国人民代表大会第二十九次会议《关于修改〈中华人民共和国治安管理处罚法〉的决定》修正）

第九条　对于因民间纠纷引起的打架斗殴或者损毁他人财物等违反治安管理行为，情节较轻的，公安机关可以调解处理。经公安机关调解，当事人达成协议的，不予处罚。经调解未达成协议或者达成协议后不履行的，公安机关应当依照本法的规定对违反治安管理行为人给予处罚，并告知当事人可以就民事争议依法向人民法院提起民事诉讼。

中华人民共和国人民警察法（节选）

（1995年2月28日第八届全国人民代表大会常务委员会第十二次会议通过　1995年2月28日中华人民共和国主席令第40号公布　根据2012年10月26日第十一届全国人民代表大会常务委员会第二十九次会议通过　2012年10月26日中华人民共和国主席令第69号公布自2013年1月1日起施行的《全国人民代表大会常务委员会关于修改〈中华人民共和国人民警察法〉的决定》修正）

第二十一条第一款　人民警察……对公民提出解决纠纷的要求，应当给予帮助……

公安机关办理行政案件程序规定（节选）

（2012年12月19日公安部令第125号发布　根据2014年6月29日公安部令第132号《公安部关于修改部分部门规章的决定》第一次修正　根据2018年11月25日公安部令第149号《公安部关于修改〈公安机关办理行政案件程序规定〉的决定》第二次修正）

第一百七十八条　对于因民间纠纷引起的殴打他人、故意伤害、侮辱、诽谤、诬告陷害、故意损毁财物、干扰他人正常生活、侵犯隐私、非法侵入住宅等违反治安管理行为，情节较轻，且具有下列情形之一的，可以调解处理：

（一）亲友、邻里、同事、在校学生之间因琐事发生纠纷引起的；

（二）行为人的侵害行为系由被侵害人事前的过错行为引起的；

（三）其他适用调解处理更易化解矛盾的。

对不构成违反治安管理行为的民间纠纷，应当告知当事人向人民法院或者人民调解组织申请处理。

对情节轻微、事实清楚、因果关系明确，不涉及医疗费用、物品损失或者双方当事人对医疗费用和物品损失的赔付无争议，符合治安调解条件，双方当事人同意当场调解并当场履行的治安案件，可以当场调解，并制作调解协议书。当事人基本情况、主要违法事实和协议内容在现场录音录像中明确记录的，不再制作调解协议书。

第一百七十九条　具有下列情形之一的，不适用调解处理：

（一）雇凶伤害他人的；

（二）结伙斗殴或者其他寻衅滋事的；

（三）多次实施违反治安管理行为的；

（四）当事人明确表示不愿意调解处理的；

（五）当事人在治安调解过程中又针对对方实施违反治安管理行为的；

（六）调解过程中，违法嫌疑人逃跑的；

（七）其他不宜调解处理的。

第一百八十条　调解处理案件，应当查明事实，收集证据，并遵循合法、公正、自愿、及时的原则，注重教育和疏导，化解矛盾。

第一百八十一条　当事人中有未成年人的，调解时应当通知其父母或者其他监护人到场。但是，当事人为年满十六周岁以上的未成年人，以自己的劳动收入为主要生活来源，本人同意不通知的，可以不通知。

被侵害人委托其他人参加调解的，应当向公安机关提交委托书，并写明委托权限。违法嫌疑人不得委托他人参加调解。

第一百八十二条　对因邻里纠纷引起的治安案件进行调解时，可以邀请当事人居住地的居（村）民委员会的人员或者双方当事人熟悉的人员参加帮助调解。

第一百八十三条　调解一般为一次。对一次调解不成，公安机关认为有必要或者当事人申请的，可以再次调解，并应当在第一次调解后的七个工作日内完成。

第一百八十四条　调解达成协议的，在公安机关主持下制作调解协议书，双方当事人应当在调解协议书上签名，并履行调解协议。

调解协议书应当包括调解机关名称、主持人、双方当事人和其他在场人员的基本情况，案件发生时间、地点、人员、起因、经过、情节、结果等情况、协议内容、履行期限和方式等内容。

对调解达成协议的，应当保存案件证据材料，与其他文书材料和调解协议书一并归入案卷。

第一百八十五条　调解达成协议并履行的，公安机关不再处罚。对调解未达成协议或者达成协议后不履行的，应当对违反治安管理行为人依法予以处罚；对违法行为造成的损害赔偿纠纷，公安机关可以进行调解，调解不成的，应当告知当事人向人民法院提起民事诉讼。

调解案件的办案期限从调解未达成协议或者调解达成协议不履行之日起开始计算。

第一百八十六条　对符合本规定第一百七十八条规定的治安案件，当事人申请人民调解或者自行和解，达成协议并履行后，双方当事人书面申请并经公安机关认可的，公安机关不予治安管理处罚，但公安机关已依法作出处理决定的除外。

公安机关治安调解工作规范

（2007 年 12 月 8 号公安部　公通字〔2007〕81 号印发）

第一条　为进一步规范公安机关治安调解工作，最大限度地增加和谐因素，最大限度地减少不和谐因素，化解社会矛盾，促进社会稳定，根据《中华人民共和国治安管理处罚法》和《公安机关办理行政案件程序规定》等规定，制定本规范。

第二条 本规范所称治安调解，是指对于因民间纠纷引起的打架斗殴或者损毁他人财物等违反治安管理、情节较轻的治安案件，在公安机关的主持下，以国家法律、法规和规章为依据，在查清事实、分清责任的基础上，劝说、教育并促使双方交换意见，达成协议，对治安案件做出处理的活动。

第三条 对于因民间纠纷引起的殴打他人、故意伤害、侮辱、诽谤、诬告陷害、故意损毁财物、干扰他人正常生活、侵犯隐私等违反治安管理行为，情节较轻的，经双方当事人同意，公安机关可以治安调解。

民间纠纷是指公民之间、公民和单位之间，在生活、工作、生产经营等活动中产生的纠纷。对不构成违反治安管理行为的民间纠纷，应当告知当事人向人民法院或者人民调解组织申请处理。

第四条 违反治安管理行为有下列情形之一的，不适用治安调解：

（一）雇凶伤害他人的；

（二）结伙斗殴的；

（三）寻衅滋事的；

（四）多次实施违反治安管理行为的；

（五）当事人在治安调解过程中又挑起事端的；

（六）其他不宜治安调解的。

第五条 治安调解应当依法进行调查询问，收集证据，在查明事实的基础上实施。

第六条 治安调解应当遵循以下原则：

（一）合法原则。治安调解应当按照法律规定的程序进行，双方当事人达成的协议必须符合法律规定。

（二）公正原则。治安调解应当分清责任，实事求是地提出调解意见，不得偏袒一方。

（三）公开原则。治安调解应当公开进行，涉及国家机密、商业秘密或者个人隐私，以及双方当事人都要求不公开的除外。

（四）自愿原则。治安调解应当在当事人双方自愿的基础上进行。达成协议的内容，必须是双方当事人真实意思表示。

（五）及时原则。治安调解应当及时进行，使当事人尽快达成协议，解决纠纷。治安调解不成应当在法定的办案期限内及时依法处罚，不得久拖不决。

（六）教育原则。治安调解应当通过查清事实，讲明道理，指出当事人的错误和违法之处，教育当事人自觉守法并通过合法途径解决纠纷。

第七条　被侵害人可以亲自参加治安调解，也可以委托其他人参加治安调解。委托他人参加治安调解的，应当向公安机关提交委托书，并注明委托权限。

第八条　公安机关进行治安调解时，可以邀请当地居（村）民委员会的人员或者双方当事人熟悉的人员参加。

当事人中有不满十六周岁未成年人的，调解时应当通知其父母或者其他监护人到场。

第九条　治安调解一般为一次，必要时可以增加一次。

对明显不构成轻伤、不需要伤情鉴定以及损毁财物价值不大，不需要进行价值认定的治安案件，应当在受理案件后的3个工作日内完成调解；对需要伤情鉴定或者价值认定的治安案件，应当在伤情鉴定文书和价值认定结论出具后的3个工作日内完成调解。

对一次调解不成，有必要再次调解的，应当在第一次调解后的7个工作日内完成。

第十条　治安调解达成协议的，在公安机关主持下制作《治安调解协议书》（式样附后），双方当事人应当在协议书上签名，并履行协议。

第十一条　《治安调解协议书》应当包括以下内容：

（一）治安调解机关名称，主持人、双方当事人和其他在场人员的基本情况；

（二）案件发生时间、地点、人员、起因、经过、情节、结果等情况；

（三）协议内容、履行期限和方式；

（四）治安调解机关印章、主持人、双方当事人及其他参加人签名、印章（捺指印）。

《治安调解协议书》一式三份，双方当事人各执一份，治安调解机关留存一份备查。

第十二条　调解协议履行期满三日内，办案民警应当了解协议履行情况。对已经履行调解协议的，应当及时结案，对没有履行协议的，应当及时了解情况，查清原因。对无正当理由不履行协议的，依法对违反治安管理行为人予以处罚，并告知当事人可以就民事争议依法向人民法院提起民事诉讼。

第十三条　治安调解案件的办案期限从未达成协议或者达成协议不履行之日起开始计算。

第十四条 公安机关对情节轻微，事实清楚，因果关系明确、不涉及医疗费用、物品损失或者双方当事人对医疗费用和物品损失的赔付无争议，符合治安调解条件，双方当事人同意现场调解并当场履行的治安案件，可以进行现场调解。

现场调解达成协议的，应当制作《现场治安调解协议书》一式三联（式样附后），由双方当事人签名。

第十五条 经治安调解结案的治安案件应当纳入统计范围，并根据案卷装订要求建立卷宗。

现场治安调解结案的治安案件，可以不制作卷宗，但办案部门应当将《现场治安调解协议书》按编号装订存档。

第十六条 公安机关人民警察在治安调解过程中，有徇私舞弊、滥用职权、不依法履行法定职责等情形的，依法给予行政处分；构成犯罪的，依法追究刑事责任。

第十七条 本规范自下发之日起施行。

公安机关办理伤害案件规定（节选）

（公安部　公通字〔2005〕98号）

第七章　案件处理

第二十八条 被害人伤情构成轻伤、重伤或者死亡，需要追究犯罪嫌疑人刑事责任的，依照《中华人民共和国刑事诉讼法》的有关规定办理。

第二十九条 根据《中华人民共和国刑法》第十三条及《中华人民共和国刑事诉讼法》第十五条第一项规定，对故意伤害他人致轻伤，情节显著轻微、危害不大，不认为是犯罪的，以及被害人伤情达不到轻伤的，应当依法予以治安管理处罚。

第三十条 对于因民间纠纷引起的殴打他人或者故意伤害他人身体的行为，情节较轻尚不够刑事处罚，具有下列情形之一的，经双方当事人同意，公安机关可以依法调解处理：

（一）亲友、邻里或者同事之间因琐事发生纠纷，双方均有过错的；

（二）未成年人、在校学生殴打他人或者故意伤害他人身体的；

（三）行为人的侵害行为系由被害人事前的过错行为引起的；

（四）其他适用调解处理更易化解矛盾的。

第三十一条　有下列情形之一的，不得调解处理：

（一）雇凶伤害他人的；

（二）涉及黑社会性质组织的；

（三）寻衅滋事的；

（四）聚众斗殴的；

（五）累犯；

（六）多次伤害他人身体的；

（七）其他不宜调解处理的。

第三十二条　公安机关调解处理的伤害案件，除下列情形外，应当公开进行：

（一）涉及个人隐私的；

（二）行为人为未成年人的；

（三）行为人和被害人都要求不公开调解的。

第三十三条　公安机关进行调解处理时，应当遵循合法、公正、自愿、及时的原则，注重教育和疏导，化解矛盾。

第三十四条　当事人中有未成年人的，调解时未成年当事人的父母或者其他监护人应当在场。

第三十五条　对因邻里纠纷引起的伤害案件进行调解时，可以邀请当地居民委员会、村民委员会的人员或者双方当事人熟悉的人员参加。

第三十六条　调解原则上为一次，必要时可以增加一次。对明显不构成轻伤、不需要伤情鉴定的治安案件，应当在受理案件后的 3 个工作日内完成调解；对需要伤情鉴定的治安案件，应当在伤情鉴定文书出具后的 3 个工作日内完成调解。

对一次调解不成，有必要再次调解的，应当在第一次调解后的 7 个工作日内完成第二次调解。

第三十七条　调解必须履行以下手续：

（一）征得双方当事人同意；

（二）在公安机关的主持下制作调解书。

第三十八条　调解处理时，应当制作调解笔录。达成调解协议的，应当制作调解书。调解书应当由调解机关、调解主持人、双方当事人及其他参加人签名、盖章。调解书一式三份，双方当事人各一份，调解机关留存一份备查。

第三十九条 经调解当事人达成协议并履行的，不予处罚。经调解未达成协议或者达成协议后不履行的，公安机关应当对违反治安管理行为人依法予以处罚，并告知当事人可以就民事争议依法向人民法院提起民事诉讼。

公安机关执法细则（节选）

（2016 年修订）

第三十九章 治安调解

39-01. 治安调解的条件

1. 对查清事实、分清责任的治安案件，符合以下调解条件的，可以调解处理。经公安机关调解，当事人达成协议的，不再处罚。

（1）民间纠纷引起的。民间纠纷，是指公民之间、公民和单位之间，在生活、工作、生产经营等活动中产生的纠纷，如亲友、邻里、同事、在校学生之间因琐事发生纠纷引起的，行为人的侵害行为系由被侵害人事前的过错行为引起的，以及其他适用调解处理更易化解矛盾的纠纷；

（2）情节较轻的；

（3）双方当事人同意调解的。

2. 可以调解处理的案件：

（1）殴打他人、故意伤害案件；

（2）侮辱、诽谤案件；

（3）诬告陷害案件；

（4）故意损毁财物案件；

（5）干扰他人正常生活案件；

（6）侵犯隐私案件；

（7）法律规定的其他案件。

3. 不可调解处理的案件：

（1）雇凶伤害他人的；

（2）结伙斗殴的；

（3）寻衅滋事的；

（4）多次实施违反治安管理行为的；

（5）当事人明确表示不愿意调解处理的；

（6）当事人在治安调解过程中又挑起事端的；

（7）其他不宜治安调解的。

4. 对于不构成违反治安管理行为的民间纠纷，应当告知当事人向人民法院或者人民调解组织申请处理。公安机关与人民调解组织建立合作关系的，按照有关规定办理。

39-02. 准备调解

1. 进行调查取证。调解前应当首先查明事实，收集证据。

2. 征求调解意愿。当事人愿意调解的，应当要求其提交调解申请书或者在笔录中予以记录。

不愿意调解的，应当要求其提交有关声明或者在笔录中予以记录。在笔录中记录的应当要求当事人签名确认。当事人不具有完全民事行为能力的，其调解意愿以其法定代理人的意见为准。

39-03. 决定调解

调查取证工作结束后，认为符合调解条件且当事人愿意调解的，应当报办案部门负责人决定是否进行调解。

39-04. 进行调解

1. 调解主持人和参加人。调解由办案人员主持。对因邻里纠纷引起的治安案件进行调解时，可以邀请当事人居住地的居（村）民委员会的人员或者双方当事人熟悉的人员参加帮助调解。当事人中有不满十六周岁未成年人的，应当通知其父母或者其他监护人到场。当事人可以亲自参加治安调解，也可以委托其他人参加治安调解。委托他人参加治安调解的，应当向公安机关提交委托书并注明委托权限。

2. 对明显不构成轻伤、不需要伤情鉴定以及损毁财物价值不大，不需要进行价值认定的治安案件，应当在受理案件后的三个工作日内完成调解；对需要伤情鉴定或者价值认定的治安案件，应当在伤情鉴定文书或者价值认定结论出具后的三个工作日内完成调解。

3. 治安调解一般为一次，必要时可以增加一次。对一次调解不成，有必要再次调解的，应当在第一次调解后的七个工作日内完成。

4. 调解处理伤害案件时，应当制作《调解笔录》。

39-05. 制作《治安调解协议书》

治安调解达成协议的，在公安机关主持下制作《治安调解协议书》，双方当事人应当在协议上签名，并履行协议。

《治安调解协议书》应当包括以下内容：

（1）治安调解机关名称，主持人、双方当事人和其他在场人员的基本情况；

（2）案件发生时间、地点、人员、起因、经过、情节、结果等情况；

（3）协议内容、履行期限和方式；

（4）治安调解机关印章、主持人、双方当事人及其他参加人签名、印章（捺指印）。

《治安调解协议书》一式三份，双方当事人各执一份，治安调解机关留存一份附卷备查。

39-06. 履行调解协议

调解协议履行期满三日内，办案人员应当了解协议履行情况。对已经履行调解协议的，应当及时结案。

39-07. 对调解不成的处理

1. 对调解未达成协议或者达成协议后不履行的，公安机关应当对违反治安管理行为人依法予以处罚；对违法行为造成的损害赔偿纠纷，应当告知当事人向人民法院提起民事诉讼。

2. 调解不成再进行治安管理处罚的，办案期限从调解未达成协议或者调解达成协议不履行之日起开始计算。

39-08. 信息录入

将案件调解情况依照有关规定录入执法办案信息系统或者数据库。

参考法律、法规、司法解释及规章文件：

《中华人民共和国治安管理处罚法》第 9 条

《公安机关办理行政案件程序规定》（2006 年 8 月 24 日公安部令第 88 号）第 152—158 条

《公安机关治安调解工作规范》（公安部 公通字〔2007〕81 号）

《公安机关办理伤害案件规定》（公安部 公通字〔2005〕98 号）第 30—39 条

《公安机关执行〈中华人民共和国治安管理处罚法〉有关问题的解释》（公安部 公通字〔2006〕12 号）第 1 条

作 者 简 介

李植，法学硕士，曾就职于基层派出所、公安院校，拥有较为丰富的调解纠纷的实践经验，先后在《公安教育》《现代世界警察》《派出所工作》《人民公安报》《解放日报》及《中国警察网》等报刊媒体上发表相关文章近30篇。

近年来，多次应邀开展线上线下纠纷调解相关课程讲授，广受好评。

李植

上海 静安

扫一扫上面的二维码图案，加我微信